OBSERVATIONS

De M. Grand-Thorranne,

SUR

LES RAPPORTS D'EXPERTS,

ADAPTÉES A LA NOUVELLE LÉGISLATION.

OBSERVATIONS
De M. Grand-Thoranne,

SUR

LES RAPPORTS D'EXPERTS,

ADAPTÉES A LA NOUVELLE LÉGISLATION.

PAR M. BERNARD,

JUGE DE PAIX A GRENOBLE.

DANGER DE L'ARBITRAIRE DANS LES RAPPORTS D'EXPERTS;
MOYENS DE LE PRÉVENIR,
ET INSTRUCTIONS SUR LA MANIÈRE DONT LES EXPERTS
DOIVENT PROCÉDER.

SECONDE ÉDITION.

Grenoble,

CHEZ BARATIER FRÈRES ET FILS, IMPRIMEURS-LIBRAIRES,
GRANDE-RUE, N° 3.

1836.

GRENOBLE, IMPRIMERIE DE C.-P. BARATIER.

AVIS

SUR LA SECONDE ÉDITION.

La première édition des Observations sur les rapports d'experts fut faite pour être insérée dans l'Almanach de la Cour royale de Grenoble, aussi se ressentit-elle des bornes que l'on fut obligé d'y mettre et de la précipitation avec laquelle il fallut rédiger cet ouvrage, et l'imprimer, en sorte qu'il était loin d'être complet et laissait beaucoup à désirer sous différens rapports. En publiant cette seconde édition, dans l'objet d'en faire un livre à part, on a tâché de faire disparaître les fautes d'impression et de rédaction que l'on remarquait dans la première; on y a fait en même temps des additions considérables (voir les chap. 13, 18, 21, 23 et 24), afin de rendre aussi complet que possible un travail que l'on peut considérer comme un simple cadre, que quelque personne plus habile remplira sans doute un jour avec succès.

TABLE.

FIN DE LA TABLE.

ERRATA.

Page 43, ligne 12, au lieu de : il *se trouve*, lisez *il y a*.

Idem, ligne 25, au lieu de : par la *qualité* de foin, lisez par la quantité de foin.

Page 44, ligne 5 de la partie de la note 14 sur cette page, au lieu de : se servir de filets, de cordes pour les enlever, lisez se servir de filets de cordes.

Page 45, ligne 1re, au lieu de : couvertes de *prairies*, lisez couvertes de pierres.

Page 46, lignes 20 et 21, au lieu : dans les crues extraordinaires des canaux qui y amènent les eaux, lisez dans les crues extraordinaires, des canaux, etc.

Page 83, ligne 1re, au lieu de : *lalevée*, lisez la levée.

Page 119, ligne 10, au lieu de : ils *emploient*, lisez ils emploieront.

Page 131, ligne 3, au lieu de : qu'ils ont à *apporter*, lisez qu'ils ont à porter.

AVERTISSEMENT.

Les observations de M. Grand-Thoranne, sur les rapports d'experts, parurent en 1785; on peut dire que, jusqu'à cette époque, les experts n'avaient été soumis à aucune règle dans leur manière de procéder, car, à l'exception de deux ou trois arrêts restés sans imitation, où la marche à suivre par les experts avait été tracée, on ne trouve rien sur cette matière dans les lois antérieures au Code civil et la jurisprudence ancienne; ce que les anciens auteurs avaient dit à ce sujet, était à peu près insignifiant et ne pouvait même être connu des personnes appelées aux expertises. Les experts n'avaient, par le fait, d'autre guide dans leurs opérations que leur intelligence, la justesse de leur jugement, leur plus ou moins de connaissances ou de probité; très-peu se faisaient une idée juste de l'importance de leurs fonctions; ainsi, leur défaut d'instruction, l'arbitraire qu'ils se croyaient permis, l'insouciance et souvent la partialité qu'ils apportaient dans leur travail, avaient les conséquences les plus funestes pour les plaideurs, et il était rare que les procès où les expertises étaient nécessaires n'entraînassent pas la ruine de l'une des parties, et souvent de toutes les deux, par l'énormité des frais qu'occasionnaient la multiplicité forcée de ces opérations et par la manière dont elles étaient faites. Presque jamais un seul rapport n'était suffisant; toujours il en fallait deux, souvent trois et quelquefois quatre, et il n'était pas rare qu'ils fussent tous complétement inutiles pour l'instruction des magistrats, et ne servissent qu'à rendre les difficultés plus obscures et plus embrouillées.

M. Grand-Thoranne se proposa de remédier à une partie du mal; il s'attacha à démontrer le danger de l'arbitraire dans les rapports d'experts, et à indiquer les moyens de le prévenir. Son ouvrage, peu volumineux et à la portée de tout le monde, fut généralement goûté, surtout des magistrats et des gens d'affaires; les tables qu'il y joignit, qui étaient alors d'une grande utilité, le firent rechercher. Les changemens survenus dans la jurisprudence ont fini par rendre inutile une grande partie de ce qu'il a dit sur la marche à suivre par les experts, d'après les anciennes lois actuellement abrogées. Les exemples qu'il donne sont à présent sans application et pourraient même induire en erreur les personnes peu versées dans la science du droit. L'habitude du calcul et l'étude des mathématiques, qui sont devenues communes, les changemens survenus dans le prix des denrées, depuis 40 ans, ont détruit l'utilité de la plupart de ces tables (1); cependant, ses observations générales et beaucoup de particulières sont toujours justes et n'en sont pas moins applicables aujourd'hui qu'autrefois. L'arbitraire dans les rapports d'experts est toujours aussi à craindre, aussi dangereux; les moyens de le prévenir ne sauraient être trop recherchés, d'autant plus que l'expérience a appris que les sages précautions de nos nouvelles lois étaient souvent insuffisantes à ce sujet.

MM. Baratier ont pensé que ce serait faire une chose utile que de donner une nouvelle édition des observations de M. Grand-Thoranne, dans laquelle on retrancherait tout ce qui est basé directement sur les parties de l'ancien droit actuellement abrogées, et en y substituant des règles et des exemples tirés des lois actuelles. C'est sur leur demande que nous avons fait ce travail; nous avons eu soin de ne point nous écarter de l'objet qu'avait eu en vue M. Grand-Thoranne : *Le danger de l'arbitraire dans les rapports d'experts, et les moyens de le prévenir.* Les changemens que nous avons été obligés de faire à son ouvrage pour rendre ses observations applicables à la nouvelle législation, nous ont entrainé

(1) Voir la note 1re du chap. 23.

dans des développemens plus considérables que nous ne l'avions pensé ; cependant nous croyons n'avoir rien dit d'inutile, et si nous avons commis quelques erreurs, il sera facile de les reconnaître et de nous rectifier.

Nous avons conservé, autant que nous l'avons pu, le texte même de M. Grand-Thoranne dans tout ce que nous en avons extrait, ce que l'on reconnaîtra aisément, toutes les phrases que nous avons copiées étant précédées et suivies d'un trait (—). Au reste, les notes que nous avons ajoutées au bas des pages, feront connaître les motifs des changemens et des retranchemens que nous avons faits. Nous ferons seulement remarquer que nous n'avons pu conserver, à peu près dans leur entier et avec leur titre, que les trois premiers chapitres de M. Grand-Thoranne ; tous les autres sont presque en totalité notre ouvrage ; on n'y retrouve plus que quelques passages du sien, dont l'application peut encore avoir lieu aujourd'hui, et qui sont de même désignés par un trait au commencement et à la fin de chaque phrase.

Nous avions eu la pensée de joindre à cet ouvrage un extrait des mercuriales des marchés de Grenoble, mais nous avons reconnu que ce travail pourrait tout au plus servir pour les opérations qui ont lieu dans l'étendue de la banlieue de Grenoble, et pourrait même induire en erreur toutes les fois que les immeubles à estimer se trouveraient à portée de quelque autre marché ; d'ailleurs les mercuriales étant tenues exactement dans tous les principaux marchés, les experts peuvent facilement se procurer en tout temps les renseignemens dont ils peuvent avoir besoin, sur le prix des denrées, soit à une époque, soit à une autre. La copie du travail de M. Grand-Thoranne, à ce sujet, et sa continuation jusqu'à ce jour, eût donc été un travail inutile, dont le seul résultat eût été d'augmenter les frais d'impression et le prix de l'ouvrage.

Les tables de M. Grand-Thoranne sur les rentes viagères ne sauraient plus être d'aucune utilité pour les expertises. D'une part, ces sortes de placemens deviennent tous les jours de plus en plus rares; de l'autre, elles ne sauraient entrer dans les évaluations qu'ont à faire les experts, et si quelqu'un a à s'en occuper, ce sont les notaires chargés de faire les compositions de masse et les comptes entre les cohéritiers, ce qui ne regarde jamais les experts. Les notaires sont presque toujours habitués à ce genre de calcul, qui n'est autre que celui de l'amortissement des capitaux, au moyen d'une réserve annuelle quelconque (2).

Nous terminerons cet avertissement en faisant connaître l'opinion d'une personne à qui notre travail a été communiqué, sur les observations générales de M. Grand-Thoranne.

« L'arbitraire ne peut plus avoir lieu dans les jugemens, depuis la loi du 24 août 1790, qui force les juges à présenter les qualités des parties, leurs conclusions, les faits de la cause, les questions de fait et de droit, les considérans de leur décision et le dispositif. — Chaque jugement porte donc la preuve de sa légalité.

» L'arbitraire ne peut avoir lieu dans les jugemens arbitraux, lorsque les arbitres ne sont pas des amiables compositeurs, car, dans ce cas, ils sont obligés de suivre les règles du droit.

» L'arbitraire peut avoir lieu dans les jugemens arbitraux, lorsque les arbitres sont des amiables compositeurs, mais c'est du consentement des parties, et si elles en sont la dupe c'est leur faute. Encore, les arbitres instruits, dans ce cas même, usent sobrement de cette faculté et s'en tiennent aux principes généraux du droit, seules règles du juste et de l'injuste.

» L'arbitraire des experts a été détruit par plusieurs dispositions du Code civil et du Code de procédure civile.

---

(2) Voir la note 1re du chap. 23 et le chap. 24.

» L'art. 956 du Code de procédure veut que les rap-
» ports pour les partages, ou les ventes des biens immeu-
» bles d'une succession, présentent les bases de leur esti-
» mation. L'art. 824 contient la même disposition à l'égard
» des rapports pour les partages.

» Les art. 210 et 230 du même Code veulent que les
» rapports pour vérification d'écriture ou pour faux inci-
» dent civil soient motivés.

» En diverses matières, telles que rescision de vente,
» etc., la loi ne dit pas que le rapport présentera les
» bases de l'estimation ou qu'il sera motivé, mais, d'un
» côté, l'usage le veut ainsi; d'un autre, les juges ont
» souvent soin de l'ordonner.

» Il ne peut donc plus être question aujourd'hui de
» l'arbitraire qui régnait avant la législation moderne.
» Les experts ne sont les défenseurs ni d'une partie ni
» de toutes les parties, ils sont les jurés d'une vérité de
» fait qui est à leur connaissance; ne pas la proclamer
» lorsqu'ils en sont requis et qu'ils en ont fait la pro-
» messe, c'est manquer à l'honneur.

» S'ils ne remplissent pas leurs devoirs, on peut les
» accuser d'ignorance ou de déloyauté. Sans doute l'in-
» culpation peut être injuste, mais ils peuvent la défier
» en présentant un rapport motivé, car leur travail
» porte la preuve de sa justesse.

» En l'état, il semblerait qu'on pourrait sans inconvé-
» nient supprimer les premiers chapitres de M. Grand-
» Thoranne ou les réduire de beaucoup. On pourrait,
» par exemple, se borner à en rapporter quelques ali-
» néa, relatifs aux experts seulement. »

Nous répondrons à ces observations que l'arbitraire est le fait d'une personne qui substitue sa volonté, son caprice ou ses idées, à la place de la loi ou de la vérité; qu'elle peut le faire sans donner aucun motif ou masquer cette action par divers raisonnemens; qu'ainsi, il ne suffit pas que les magistrats fassent connaître les qualités et les conclusions des parties, les faits de la cause, les questions de fait et de droit, les motifs et le dispositif de leurs décisions, pour qu'il soit certain qu'il n'y a rien d'arbitraire dans leurs jugemens.

En effet, nous voyons tous les jours des jugemens rendus par les magistrats les plus recommandables, renfermant tout ce que les lois exigent pour leur régularité, réformés ou cassés, soit parce que les juges ont mal apprécié les faits, soit parce qu'ils ont mal interprété les lois ou en ont fait une fausse application. Il est évident que si les juges les plus intègres peuvent commettre les erreurs les plus graves, et n'en motiver pas moins leurs décisions de la manière la plus spécieuse, ceux mûs par la partialité (exemple à la vérité bien rare), peuvent aisément couvrir l'arbitraire auquel ils se livrent, sous les raisons les plus plausibles. Tout ce qu'a dit M. Grand-Thoranne sur cette matière peut donc recevoir son application aujourd'hui comme autrefois, et il n'est point inutile de le rappeler.

La même raison subsiste à plus forts termes à l'égard des experts : l'obligation qui leur est imposée en général de faire connaître les bases de leurs estimations ou les motifs de leurs opinions, ne suffit nullement pour garantir de tout arbitraire de leur part. Le fait qu'ils manquent à l'honneur en s'y livrant, ne saurait non plus présenter une garantie satisfaisante, car les hommes de mauvaise foi se soucient peu de l'honneur, et les autres se font bien souvent illusion à cet égard.

Ces diverses circonstances nous ont fait penser qu'il n'y avait rien à retrancher dans les observations générales de M. Grand-Thoranne, et que leur connaissance pouvait être avantageuse aux magistrats, et surtout très-utile aux experts, qui ne sont pas tenus d'avoir les connaissances des juges, et qui n'ont pas été appelés à se livrer à l'étude des lois et à méditer les principes du droit.

OBSERVATIONS

SUR

LES RAPPORTS D'EXPERTS.

CHAPITRE PREMIER.

De l'arbitraire.

— L'homme vraiment sensible au bien regrette que les mœurs n'aient pas prévenu la nécessité des lois. A quoi serviraient, en effet, les lois, si le droit naturel eût conservé son énergie, sa simplicité et sa candeur? si tous les hommes eussent été justes, ou ce qui est la même chose, si les mœurs fussent restées pures, sans avoir jamais été dégradées par les secousses des passions et de l'intérêt personnel. Vains regrets, inutiles désirs, ce n'est plus que dans les fables de l'âge d'or que l'esprit peut se faire encore cette flatteuse illusion. —

— Il fut donc nécessaire, indispensable même, de créer et d'écrire des lois qui garantissaient le droit précieux de la propriété, en même temps que la sûreté, l'existence même du citoyen reposaient sous l'abri de leur stabilité. —

— Aussi, le voit-on se prémunir et se récrier sans cesse contre l'arbitraire. Il considère avec raison les lois comme un contrat social qu'il n'est permis à personne de détruire et d'enfreindre, et quoiqu'elles le soumettent et qu'il ait consenti à exister sous leur joug, leur altération ne pourrait que lui causer les plus vives et les plus justes alarmes. —

— Nous ne parlons point de cet arbitraire violateur du droit naturel et de celui des nations, heureusement relégué sous le ciel brûlant de l'Afrique et dans les vastes contrées de l'Asie; fruit funeste du despotisme qui foule ces parties du monde, il ne consulte que son caprice et se fait un jeu cruel de la fortune, de l'honneur et de la vie même des malheureux qu'il opprime et dégrade tout à la fois. —

— Il ne s'agit ici que de l'arbitraire qui concerne nos lois et la manière de les faire exécuter, ou, si l'on veut, de la jurisprudence. C'est parmi ces lois que nous lisons (1): « Qu'elles ont

(1) M. Grand-Thoranne écrivait en 1785 : Le droit romain était alors le

» le pouvoir de condamner, de défendre, de permettre, de punir (2), et que tous les hommes doivent leur obéir et plier » sous leur autorité, quel que soit le rang qu'ils puissent occuper (3); que tous sont censés connaître les lois (4); qu'il est » inconvenant de juger et de donner son avis sans les avoir » examinées sous tous les rapports (5); qu'on doit juger suivant » leurs dispositions, sans pouvoir s'en écarter, lorsqu'elle est » manifeste (6); et qu'il n'est pas permis de s'en écarter, de les » transgresser, sous prétexte de quelques exemples (7). —

— Il n'est donc pas permis de douter que les lois doivent être exécutées de la manière la plus exacte; aussi, les cours souveraines, qui en sont les dépositaires et les oracles, bien loin de s'en écarter, veillent au contraire avec soin à ce que les autres juges les observent religieusement. —

— Le rang, la condition, l'opulence, le mérite personnel de l'homme quelconque, n'influent point sur leurs jugemens, parce que la loi ne fait acception de personne; et ce qu'on appelle moyens de convenance, de considération, de prétendue équité naturelle, tous ces mots ou plutôt ces prétextes insidieux, sur lesquels s'appuient l'opinion et l'arbitraire, dédaignés par les grands magistrats, disparaissent à la seule présence de la loi et sont d'avance anéantis par sa puissante autorité. —

Ainsi ce sera en vain, par exemple, que des enfans viendront se plaindre de ce que leur père a disposé de la quotité disponible de ses biens en faveur d'un collatéral ou d'un étranger; si son testament ou la donation qu'il a pu faire est d'ailleurs revêtue de toutes les formes et de toutes les solennités prescrites par les lois, alors le magistrat ne peut écouter leurs plaintes, quelque attendrissantes qu'elles puissent être; l'acte reste vainqueur et reçoit son entière exécution, parce que la loi a voulu que chaque citoyen puisse disposer à son gré de ses biens dans

---

droit commun du Dauphiné et de plusieurs autres provinces de la France; dans toutes les autres il était considéré, ainsi que dans toute l'Europe, comme raison écrite. C'est là qu'il a puisé la plupart des lois magistrales qu'il cite; notre nouvelle législation, bien loin de les avoir abrogées ou changées, n'a fait que les confirmer; elle ne leur a rien ôté de leur autorité et elles sont plus que jamais obligatoires.

(2) *L.* 7, *ff. de leg.*

(3) *L.* 10. *Cod. de leg.*

(4) *L.* 9. *Cod. eod.*

(5) *L.* 24. *ff. de leg.*

(6) *L.* 12. *ff. de leg.*

(7) *L.* 13. *Cod. de sent. et interl.*

les limites qu'elle a tracées et qu'il n'est pas même permis de pénétrer, de juger les motifs qui ont guidé le testateur ou donateur, en un mot, parce que la loi lui a permis de dicter lui-même des lois; *Dicat testator et lex erit* (8).

— N'en doutons pas, les hommes qui inclinent vers l'arbitraire sont ceux qui n'ont pas voulu se donner la peine d'étudier les lois, de les méditer, de les comparer, d'en saisir l'ensemble et les rapports. S'ils en connaissent quelques-unes, ce sont celles qui semblent se prêter à l'indépendance. Ils se complaisent à lire que le juge qui a prononcé contre les lois n'est pas censé y avoir contrevenu, s'il a pensé qu'elles ne devaient pas influer sur sa sentence (9); ils ne font pas attention que la loi même qui renferme cette disposition, n'approuve pas le jugement; elle veut seulement que la partie condamnée soit obligée d'en appeler. *Ideoque ab hujusmodi sententiâ appellandum est.* —

— Leur amour propre saisit avec avidité le premier aperçu de ce prétendu principe : que la considération de ce qui est juste et équitable doit l'emporter sur celle du droit rigoureux (10). —

— Ils ne voient pas, ou ils ne veulent pas voir que les lois qui semblent l'étayer (entre autres les deux citées dans la note ci-dessous, nº 10), doivent être entendues dans le sens que l'explique la note de Godefroy sur la première, c'est-à-dire qu'on ne doit adopter sa disposition que dans les cas non prévus par les autres lois; *modò res à lege non sit definita*, car, si elles sont manifestes, il importe peu qu'elles paraissent dures, il ne faut pas moins les exécuter, et se garder de donner dans le piége de l'arbitraire (11). —

— Il n'est que trop vrai que nos lois (12) n'ont pas pu prévoir

(8) Dans ce passage, M. Grand-Thoranne tire son exemple des anciennes lois qui permettaient aux pères et mères de déshériter leurs enfans, de sorte qu'on ne saurait en faire aucune application aujourd'hui; mais le principe sur lequel il raisonne n'en est pas moins vrai, pas moins juste, et nous n'avons fait à sa phrase que les changemens nécessaires pour que son raisonnement s'accordât avec notre nouvelle législation.

(9) *L.* 32. *ff. de re judicata.*

(10) *L.* 8. *Cod. de judic. L.* 90. *ff. de div. reg. jur.*

(11) *L.* 23. *ff. de leg. L.* 12. *ff. qui et à quibus man. h.* 91, §. 3. *ff. de verb. oblig.*

(12) M. Grand-Thoranne ajoute : « dont les ordonnances de nos rois forment » une partie essentielle. » Cela était vrai pour l'époque à laquelle il écrivait (1785), maintenant il n'y a plus que celles qui ne sont pas abrogées ou qui ne

tous les cas; c'est alors que le magistrat doit juger le juste ou l'injuste (13); que sa balance doit pencher du côté de l'équité, sans s'écarter néanmoins de la raison et des exemples des lois (14), et en se conformant à ce qui est établi par d'anciennes coutumes bonnes et utiles, ou déterminé par la jurisprudence constante des cours souveraines (15). —

— Mais quelque grand, quelque alarmant que soit le danger de l'arbitraire ou de l'opinion dans les décisions des juges, on doit bien moins le redouter que dans celles des experts qui sont députés et commis pour les vérifications des lieux litigieux, l'estimation des biens, des ouvrages, des dommages-intérêts, la liquidation des fruits, les partages, etc. C'est ce qui va faire le sujet du chapitre qui suit, et j'essayerai ensuite d'indiquer les moyens que je crois propres à préparer et éclairer le travail des experts, à les obliger de se conformer au désir des lois, de la jurisprudence et de l'équité; à prévenir les erreurs et les incertitudes qu'on ne trouve que trop souvent dans leurs rapports, et à les composer de telle manière, que les juges puissent être à portée de les rectifier, de les modifier, sans qu'il soit nécessaire de se livrer à de nouvelles procédures, qui sont toujours fort dispendieuses et quelquefois ruineuses. —

---

sont pas contraires à la charte constitutionnelle, qui aient force de lois; il en est de même des lois de la révolution et des décrets impériaux. Au reste, cette distinction importante intéresse bien plus les magistrats et les jurisconsultes que les personnes appelées aux expertises, à qui sa connaissance n'est pas d'une nécessité absolue.

(13) *L.* 13. *ff. de tert. et h.* 11 *ff. prescr. verb.*

(14) *L.* 13. *ff. de leg.*

(15) *L.* 9, 35 *et* 36. *ff. de leg.*

CHAPITRE II.

L'arbitraire est plus dangereux dans les rapports d'experts que dans les jugemens.

— Il est comme indubitable que les juges sont, par état, instruits des lois, et, par conséquent, de celles qui, les obligeant à conformer leur jugement à ces mêmes lois, leur défendent de se livrer à des opinions disparates et arbitraires; aussi ne jugent-ils, par ce que nous appelons mouvemens d'équité, que lorsqu'il s'agit de quelques questions que les lois n'ont pu prévoir, ou sur lesquelles elles ne se sont pas expliquées d'une manière assez claire et assez précise. —

— Si les premiers juges ou des arbitres rendent des sentences contraires à la disposition des lois, ou contraires, faute de lois formelles, à la raison et à l'équité; ces sentences sont réparées ou infirmées par les juges supérieurs, en sorte qu'il n'en résulte pas un grand préjudice pour la société (1). —

— Dans les cours souveraines, il faut sept juges au moins pour rendre un arrêt. Là, les faits et les actes sont examinés avec attention; les clauses, les conventions qu'ils renferment sont analysées et expliquées avec autant de soin que de sagacité. Les lumières se communiquent, se fortifient, la vérité se dégage de tous les prestiges, de tous les nuages dont l'esprit de litige s'est efforcé de la couvrir. De justes conséquences se tirent d'elles-mêmes d'une discussion si bien réfléchie, et la décision qui en émane, tout à la fois respectée et exécutée, est digne de cette expression de la loi même: *Res judicata pro veritate habetur.* —

— Mais quelle différence n'y a-t-il pas à l'égard des experts nommés et choisis souvent parmi des hommes dont les plus

(1) A l'époque où M. Grand-Thoranne écrivait, toutes les matières étaient appelables, et les causes du plus petit intérêt pouvaient parcourir jusqu'à trois degrés de juridiction: la justice seigneuriale, le bailliage et le Parlement. Aujourd'hui les juges de paix prononcent en dernier ressort jusqu'à 50 fr. et les tribunaux de 1re instance jusqu'à 1000 fr., et il est vraisemblable que, dans peu, leur compétence sera beaucoup plus étendue, dans toutes les causes pures, personnelles et mobilières; ainsi, la proposition de M. Grand-Thoranne n'est plus aussi exacte sous ce rapport.

expérimentés ne connaissent des lois que quelques adages vulgaires, qu'ils prononcent même le plus souvent d'une manière risible? Qu'on leur suppose toute l'attention, les soins, l'impartialité, la probité qu'exigent les fonctions importantes et le pouvoir que les juges viennent de leur communiquer et de leur confier, il faut avouer qu'il y a une infinité de cas où cela ne suffit pas, lorsque les principes manquent. —

— Il n'est que trop vrai aussi que la plus grande partie de ces experts sont portés à favoriser la personne qui les a nommés (2). Ces cas sont plus rares, on l'avoue, à mesure que les experts sont plus instruits. —

— Tels sont, par exemple, ceux qui sont choisis dans les villes, entre autres dans les corps auxiliaires de la justice; ils sentent mieux l'importance du caractère dont elle vient de les revêtir; les rayons de sa lumière et de son intégrité semblent les avoir frappés plus immédiatement; ils en sont plus pénétrés, et il en existe sans doute, dont la généreuse fermeté est insensible à tous les motifs étrangers d'intérêts, d'amitié ou de haine envers les personnes pour lesquelles ils sont employés. —

— Mais c'est malheureusement le moindre nombre; les autres se livrent, comme nous l'avons dit, à une partialité que rien ne peut surmonter, qu'aucun effort ne peut vaincre (3); j'en ai vu un grand nombre dans ce cas, et j'ai cela de commun avec toutes les personnes versées dans les procédures de rapports d'experts. Un, entre autres, qui disait avec une espèce de franchise et d'ingénuité: *Je suis l'expert de M. ..... je dois soutenir ses intérêts.* Si un semblable expert est plus verbeux, plus opiniâtre que son collègue, qu'on juge d'avance quel sera leur rapport! Et si l'un et l'autre sont empreints de la même erreur, du même préjugé, et sont d'ailleurs égaux en loquèle et en argumens puisés dans cette odieuse dialectique, peut-on douter qu'ils ne déclarent être d'avis différens (4)? alors il faut nommer un tiers-expert, le reconduire sur la scène litigieuse avec le premier appareil, ce qui donne lieu à des frais très-consi-

---

(2) Voir ci-après, page 8, la phrase commençant par ces mots: *Les nouvelles lois, etc.*

(3) L'instruction étant aujourd'hui beaucoup plus répandue dans toutes les classes de la société, le fait dont parle M. Grand-Thoranne est aussi beaucoup moins commun.

(4) Cela ne peut plus arriver à présent, parce que, d'après l'art. 303 du Code de procédure, il doit toujours y avoir trois experts, à moins que les parties ne se soient accordées pour n'en nommer qu'un seul.

dérables, indépendamment du danger que le tiers-expert, méconnaissant aussi lui-même sa qualité et son devoir, ne se laisse entraîner par l'aimant des passions et de l'intérêt. —

— C'est en vain que des personnes sensées reprochaient à cet expert, indigne d'en porter le nom, qu'il ne fallait point considérer si l'une ou l'autre des parties l'avait nommé ; en vain lui observait-on qu'ayant l'honneur de remplir la fonction d'un juge, il devait être impartial comme la justice elle-même; flatté de cet encens, il assurait d'abord qu'il reconnaissait toute l'importance de cette vérité, mais un moment après, s'il s'agissait d'opérer, de certifier, d'estimer, on le voyait dans une agitation continuelle, soutenir contre l'évidence même, le oui ou le non le plus ou le moins en faveur de celui qui l'avait nommé; se porter pour son chevalier ou plutôt pour son gladiateur, et revenir à son premier langage : *Je suis l'expert de M. ...., je dois soutenir ses intérêts.* —

— On n'ignore pas non plus la faveur mutuelle que se prêtent les gens du même art, du même métier, lorsqu'ils sont nommés pour experts, entre un confrère et une personne d'un état différent. L'ordonnance de 1667 avait pressenti cette propension en ordonnant, qu'en pareil cas, s'il échoit de nommer un tiers-expert, ce sera un bourgeois (5). Mais l'expérience n'enseigne que trop que cette précaution n'a fait cesser que la moindre partie de l'abus. —

— D'après ces faits constans, ces vérités manifestes touchant l'illusion que se font les experts, leur partialité, leur intercadence, on a peine à comprendre l'énormité du pouvoir qui leur

(5) Cette distinction serait aujourd'hui impossible à faire, aussi le Code de procédure ne l'a point reproduite ; et, en effet, qu'entendre par un bourgeois, à présent que les progrès de l'instruction et des connaissances ont, mieux que les révolutions et toutes les idées philosophiques, établi l'égalité dans les rangs de la société. La noblesse n'est plus qu'un titre, qui devient presque ridicule s'il est le partage de l'ignorance, et s'il n'est accompagné des qualités du cœur et de l'esprit, qui seules forment les véritables distinctions et auxquelles tous les hommes ont droit de prétendre, quelle que soit leur naissance.

Le bourgeois sera-t-il le rentier ou le propriétaire vivant dans l'oisiveté et l'inutilité ? quelle garantie donnera-t-il de son savoir et de son aptitude à remplir les fonctions d'expert ? est-ce que le commerçant, l'industriel, l'artisan ou le cultivateur même, actifs, laborieux, instruits et probes, ne devront pas lui être préférés? Ainsi, d'après l'état de la société, nos mœurs et l'esprit de nos lois actuelles, c'est l'instruction et la probité connue des individus, qui doivent guider les parties et les magistrats dans le choix des experts. Voir le chap. 4.

était attribué par l'ancienne jurisprudence. C'est-à-dire que sur des matières de faits ou de valeurs, deux rapports conformes, ou, ce qui est la même chose, l'opinion semblable de quatre experts dans deux rapports, devenaient une barrière insurmontable à celui qui devait en être la victime ; en vain en demandait-il un troisième, les juges, si ce n'est dans des cas très-extraordinaires, le déclaraient non recevable et le condamnaient au fond, et ce, pour la simple raison qu'un seul rapport ne pouvait en détruire deux autres.

Les nouvelles lois ont tâché de parer à ces inconvéniens en prescrivant, 1° qu'à moins d'un accord exprès des parties pour n'en nommer qu'un seul, les experts seraient toujours au nombre de trois (Cod. procéd. 303 et autres) ; 2° qu'ils consigneraient dans leur procès-verbal les dires et réquisitions des parties (Cod. proc. 317) ; qu'ils indiqueraient les motifs de leur rapport (Cod. proc. 210, 318 et 956. Cod. civ. 824 et 1679) ; 3° enfin, que les juges peuvent toujours ordonner un nouveau rapport s'ils le jugent nécessaire, et qu'en définitive ils ne sont point tenus de se conformer à l'avis des experts, si leur conviction s'y oppose (Cod. proc. 322 et 323.)

Mais il n'arrive que trop souvent que toutes les sages précautions de nos lois sont insuffisantes pour empêcher les effets funestes de l'arbitraire auquel certains experts sont disposés à se laisser aller. Elles ne servent quelquefois qu'à leur faire masquer avec adresse les sentimens qui les ont guidés dans leurs opérations, et mieux tromper la justice (6). Si alors le juge s'aperçoit des vices du rapport, il n'a pas les élémens suffisans pour les réparer, et il est réduit à en ordonner un nouveau, ce qui est un inconvénient excessivement grave pour les parties, par les frais énormes qu'il occasionne et par les retards qu'il apporte au jugement de la cause.

Mais, dira-t-on, cela tient aux vices des hommes, auxquels les meilleures lois ne peuvent pas toujours remédier, à moins de faire, dans tous les cas, agir les juges eux-mêmes ; cependant on ne peut pas toujours les faire descendre de leur tribu-

---

(6) Il est juste de convenir que des cas semblables ne peuvent être que très-rares aujourd'hui ; d'une part, l'instruction plus répandue éloigne l'arbitraire ; d'une autre part, il est difficile que, dans un cas pareil, trois experts se trouvent du même sentiment ; il suffit qu'un seul ait assez de délicatesse pour ne pas céder aux deux autres, et assez de fermeté pour exiger que, conformément à l'art. 318 du Code de procédure, son opinion motivée soit insérée dans le rapport ; le juge peut alors apprécier les deux avis et prononcer en conséquence, mais plus ces cas sont rares plus ils sont dangereux, parce qu'on s'en défie moins.

nal, pour se porter sur le lieu du litige et voir les choses par eux-mêmes, encore y a-t-il des vérifications et des estimations qui ne peuvent être faites que par des gens de l'art (7).

— J'en conviens; aussi n'ai-je pas la folle présomption de vouloir proposer sur ce point une innovation, mais seulement des moyens pour prévenir, autant qu'il est possible, les conséquences d'un arbitraire redoutable à tant d'égards. —

— Combien ne l'est-il pas sous le seul point de vue de donner lieu très-souvent à plusieurs rapports d'experts dans la même cause et au recours de l'un ou de l'autre des plaideurs, tandis qu'un seul rapport eût pu suffire, s'il eût été explicitement raisonné, de manière que, d'un côté, les parties ne pussent se refuser à la solidité des motifs, à la nécessité des conséquences; et que, d'un autre côté, le magistrat se trouvât à portée de juger et de corriger les erreurs du rapport, s'il s'en est glissé quelques-unes, et pût se dispenser d'ordonner des éclaircissemens ultérieurs.

— Qu'on ne s'y trompe pas, le laconisme, la briéveté désespérante qu'on trouve dans les rapports des experts, n'est le plus souvent que le fruit de leur ignorance et de leur inaptitude; et c'est même le point de vue le moins désavantageux sous lequel on puisse considérer leur pernicieuse réticence. En effet, il est bien plus aisé de dire: nous estimons ce fonds, ce domaine, cette maison à telle somme, que d'en donner la raison, que de le prouver par des explications et des calculs, tout comme il est bien plus facile de dire que les trois angles d'un triangle quelconque sont égaux à deux droits, que d'en développer la démonstration. Si ce n'est pas l'ignorance qui se cache sous le voile de cette funeste concision, ce peut être la partialité, ce qui est bien pis encore; il est tout simple que l'expert qui malheureusement peut en être souillé, affecte de fuir la lumière qui naît des détails et du raisonnement. —

— En un mot, dans une matière aussi importante, et où il s'agit souvent de la fortune, du sort des citoyens, les experts députés pour éclairer la justice sur des objets qui tombent sous les sens, ne doivent pas eux-mêmes s'ériger en juges et s'envelopper de ténèbres (8). —

---

(7) Il est facile de voir qu'en substituant à ce que dit M. Graud-Thoranne dans son ouvrage, les passages ci-dessus, commençant par ces mots: *D'après ces faits constans, etc.*, nous avons voulu mettre sa discussion en harmonie avec notre nouvelle législation.

(8) En 1785, les juges n'étaient pas tenus de motiver leurs jugemens.

CHAPITRE III.

Moyens proposés pour prévenir, autant que possible, les effets nuisibles de l'arbitraire et de la partialité des experts.

— On conçoit à peine que les anciens auteurs aient été si stériles sur cette matière ; presque tous, à l'exemple des lois romaines, n'ont parlé des rapports d'experts qu'avec cette légèreté qui ressemble à l'insouciance. Legrand, sur la coutume de Troyes, est peut-être celui qui en a dit le plus de choses : Leur arbitrage est incertain, dit cet auteur (1), ils ne doivent point s'entremettre de ce qui est de droit, mais de ce qui est de fait, et c'est au juge à connaître...... —

— Après avoir parlé des jugemens des arbitres (2), il dit qu'il n'en est pas de même en matière d'experts, qui doivent être nommés en toutes sortes d'affaires où les visitations sont nécessaires. —

— Il ajoute que le juge doit examiner les circonstances du fait, les qualités des parties et des prud'hommes, et le rapport par eux fait..... pour reconnaître si la partie a sujet de demander de nouvelles visitations, ou si c'est à dessein d'obscurcir et de cacher la vérité, plutôt que de l'éclaircir, et en ordonner de nouvelles ou en débouter, selon qu'il le verra à propos, etc. —

L'art. 8 du titre 21 de l'ordonnance de 1667, porte *que les jugemens qui ordonneront que les lieux et ouvrages seront vus et vérifiés par experts, feront mention expresse* DES FAITS SUR LESQUELS LES RAPPORTS DOIVENT ÊTRE FAITS.

Le Code civil, et notamment le Code de procédure, ont renchéri sur ces précautions dans les dispositions qu'ils contiennent et dont nous aurons occasion de parler, relatives au nombre, à la nomination des experts et à leur manière d'opérer (3).

— Quelque prévoyantes, quelque sages que soient ces lois, on sent assez, lorsqu'on y réfléchit, qu'elles ne remédient pas

(1) *Tit.* 11, *art.* 202, *numéros* 20 *et* 21.
(2) *Art.* 61, *n°* 26.
(3) Voir le chapitre 4 et les suivans.

à l'abus de l'arbitraire où les experts sont si enclins à se laisser entraîner. —

— Personne ne peut désavouer ce principe universellement adopté, qu'il est plus utile de prévenir les abus et les erreurs que d'être obligés de les réprimer, de les corriger. Et sous ce point de vue, peut-on être satisfait de ce que dit Legrand, *que le juge doit examiner les circonstances du fait, les qualités des parties et des prud'hommes, et le rapport par eux fait, pour reconnaître si la partie a sujet de demander une nouvelle visitation?* —

— Mais si les experts ont négligé de donner dans leur rapport, les explications, les détails nécessaires sur les objets qu'ils ont vérifiés ou estimés, pour mettre le juge à portée de reconnaître si la partie a sujet de demander une nouvelle visitation, comment pourra-t-il le décider? S'ils se sont bornés, par exemple, à dire qu'ils estiment un domaine 20,000 fr., une maison 12,000 fr., sans avoir calculé ni même parlé de leurs revenus, de leur état, de leurs charges annuelles (4), ne doit-on pas avouer que la connaissance que le juge pourra avoir acquise des circonstances du fait, des parties et des prud'hommes, deviendra absolument inutile? et s'il arrive qu'un second rapport soit empreint du même vice, de quel côté, on le demande, devra pencher la balance que ce juge tient dans les mains?—

— Il ne faut donc pas attendre la conclusion d'un premier rapport d'experts, pour examiner et résoudre si l'on permettra à la partie qui se plaint d'en faire un second; il vaut bien mieux veiller d'avance sur le premier, et avoir soin de prescrire aux experts, dans le jugement même, non-seulement les faits sur lesquels leur rapport doit être fait, mais encore le principe d'où ils doivent partir et l'ordre qu'ils doivent observer en rédigeant leur rapport par écrit. —

— Alors, les mouvemens de la partialité, de la prédilection, les élans de l'indépendance et de l'arbitraire, se trouveront resserrés dans un cercle assez étroit pour être étouffés ou du moins contenus; alors l'insouciance et l'inertie, qui n'éludent le plus

(4) Un pareil laconisme ne peut plus avoir lieu aujourd'hui, mais il arrive souvent que les experts, sous prétexte d'éviter les écritures, n'entrent que dans les détails absolument nécessaires pour pouvoir dire que leur rapport est motivé, et alors ils sont presque toujours insuffisans et inutiles pour éclairer la co[illegible] juge, et le moindre inconvénient qui puisse en résulter, c'est [illegible] soit obligé d'ordonner un nouveau rapport.

souvent les explications que parce qu'il faut un travail pour les donner, seront nécessairement vaincues par la nécessité d'exécuter les ordres de la justice. —

— Il me semble donc qu'il est à propos que les juges déterminent le principe d'où les experts doivent partir, et l'ordre qu'ils doivent observer en rédigeant leurs rapports. S'il s'agit, par exemple, d'estimer un domaine, le juge peut ordonner « qu'ils en feront l'estimation par les fruits que ce domaine est » susceptible de produire ; qu'à cet effet, ils feront mention » dans leur rapport, du contenu, de la nature et qualité des » fonds dont il est composé ; ils expliqueront la quantité de » récolte de toute espèce que les fonds peuvent produire, et en » feront l'estimation sur le prix des denrées tel qu'il est con- » staté par les registres publics, dont ils feront mention dans » leur rapport, et qu'ils donneront une description exacte des » bâtimens. » —

— S'il s'agit d'estimer des ouvrages de maçonnerie, on peut ordonner que « les experts feront mention de la quantité de » mètres (5), de l'épaisseur des murs, et de la qualité et quan- » tité de mètres de la taille ; qu'ils s'expliqueront sur la quan- » tité ou le prix des matériaux, chaux, sable et pierre dont un » mètre de mur est composé, et le prix de la taille. » Alors le juge sera en situation de décider si l'estimation est juste ou non, parce qu'il lui sera facile de savoir quel est le prix du sable, de la chaux, du mètre cube de pierres et de la pierre de taille dans tel et tel pays, ou aux parties d'en rapporter preuve par témoins; il en est de même de l'appréciation des autres ouvrages qui se mesurent au mètre (6). —

---

(5) M. Grand-Thoranne, dans tout le cours de son ouvrage, se sert, lorsqu'il s'agit de mesure, des expressions de toise, pied, pouce, sétérée, journal, etc., et de tous les termes qui étaient en usage à l'époque où il écrivait (1785). Nous avons cru devoir y substituer les dénominations du système métrique ou décimal, parce qu'il est à présent généralement connu et en usage partout, qu'il peut seul être employé dans les actes, jugemens et rapports ; qu'on a lieu d'espérer que dans peu les anciennes mesures et leurs dénominations ne seront plus connues ; c'est à quoi tous ceux qui écrivent sur des matières de droit ou de science doivent coopérer.

(6) Tout ce que dit M. Grand-Thoranne, sur ce que doivent contenir les jugemens qui ordonnent les rapports d'experts, ne saurait être indifférent aujourd'hui, car autre chose est de dire, comme on est dans l'usage de le faire, que les experts indiqueront les bases de leur estimation ou motiveront leur avis, autre chose est de leur indiquer où ils doivent puiser ces bases ou les motifs de leur opinion ; car, dans le premier cas, les experts sont maîtres d'adopter telles

— Lorsque, par cette précaution, on aura forcé les experts à partir d'un principe certain, à descendre dans les détails nécessaires et à les mettre sous les yeux des magistrats, il est évident qu'ils ne pourront plus faire des estimations arbitraires, telles qu'on les voit dans la plus grande partie des rapports, ou que si leurs estimations s'éloignaient quelquefois du juste taux, ce ne pourrait être que de quelques légères fractions. —

— Je ne crois pas devoir entrer ici dans un plus long détail sur la forme des jugemens concernant les autres matières qui se décident par des experts, parce qu'il est aisé d'y appliquer toujours celle qui leur est convenable, c'est-à-dire qui prescrive tout à la fois aux experts, et le principe qui doit nécessairement les guider et la méthode qu'ils doivent exactement suivre pour les explications à donner (7). D'ailleurs, j'essayerai dans les chapitres suivans d'indiquer la manière dont les rapports d'experts doivent être faits sur les contestations les plus fréquentes, entre autres les *demandes en lésion*, *en restitution de fruits*, et l'on jugera par-là des précautions que le juge peut prendre dans le dispositif de son jugement pour préparer l'équité et la régularité du rapport d'experts et de toutes les opérations de ceux-ci (8). —

— Pour se convaincre de plus en plus de l'utilité, de la nécessité de ce que je viens de dire, il suffit de connaître la manière dont les experts faisaient les rapports contenant l'estimation des biens des successions ou les compositions de masses, avant que des arrêts les eussent éclairés et leur eussent indiqué le principe d'où il fallait partir. —

— On voyait ceux ci estimer arbitrairement les biens en bloc, sans entrer dans aucun détail ; ceux-là se fonder sur les prix des

---

bases ou tels motifs que bon leur semble. Il leur est facile de les présenter de telle manière qu'il soit impossible au juge d'en démêler la justesse ou la fausseté ; dans le second cas, au contraire, forcés de partir de points certains et déterminés d'avance, ils sont nécessairement obligés d'entrer dans des détails qui rendent facile aux juges la vérification de leurs opérations.

(7) Voir le chapitre 4.

(8) M. Grand-Thoranne dit, entre autres, *les demandes en supplément de légitime et en expédition de légitime en nature ou en corps héréditaires*, etc. Nous avons cru devoir y substituer *les demandes en lésion et restitution de fruits, en partage, etc.*, à cause du changement de législation, et parce qu'aujourd'hui les demandes en expédition de légitime ou en supplément de légitime ne peuvent plus se présenter, si ce n'est dans des cas extrêmement rares, qui ne sauraient se reproduire à l'avenir.

ventes d'autres fonds du pays, ou réduits très-bas, parce que les vendeurs étaient misérables et opprimés, ou portés beaucoup trop haut par l'opulence et la concurrence des propriétaires aboutissans, et par des convenances particulières. —

— D'autres, enfin, la mesure à la main, mesurer les murs des maisons, des écuries et des granges, pour en porter la valeur en estimation à concurrence de ce que ces bâtimens avaient coûté en les construisant, et porter les appréciations à un taux excessif. —

La jurisprudence du Parlement de Dauphiné, et entre autres deux arrêts, l'un du 6 juillet 1750 et l'autre du 12 août 1769, avaient décidé que les immeubles devaient s'estimer d'après la valeur des fruits qu'ils étaient susceptibles de produire, distraction faite des charges. Cette règle, conforme aux lois romaines, à l'opinion des auteurs qui ont écrit sur cette matière et aux principes de la nouvelle législation, nous paraît devoir être généralement suivie (9).

— Il faut cependant avouer qu'il y a des objets qui ne peuvent être estimés par le produit. Tels sont, par exemple, les châteaux décorés, les maisons de plaisance près des villes, etc., je me réserve d'en parler dans l'un des chapitres suivans (10), pour ne pas perdre de vue l'objet de celui-ci, qui est d'écarter, autant qu'il est possible, l'arbitraire des rapports, et de prévenir les effets de la partialité ou de l'insouciance des experts. —

— On peut, contre les moyens que je propose, faire des objections, je le sais: on alléguera d'abord que les registres des gros fruits ou *mercuriales*, manquent dans plusieurs villes et bourgs; que dans d'autres ils sont négligés, mal tenus, et qu'il y a des lacunes; enfin, que la plupart ne font mention que des grains, et nullement du vin, du foin et des autres fruits de la terre. —

— J'en conviens, mais on peut y suppléer par ceux des autres villes voisines, et il est d'ailleurs bien rare qu'on ne trouve, dans chaque ville ou bourg, des livres de raison de marchand ou de quelques habitans soigneux, qui indiquent le prix des principales denrées. —

— Il est d'ailleurs de la sagesse du gouvernement de faire exé-

(9) Nous avons cru devoir supprimer les détails que donne M. Grand-Thoranne sur les deux arrêts ci-dessus cités, les lois romaines et l'opinion des anciens auteurs, comme étant aujourd'hui complétement inutiles.

(10) Voir les chapitres 5 et 6.

cuter les lois et règlemens sur cet objet important ; il est même à désirer que les registres contiennent non-seulement le prix des grains à chaque marché, mais encore ceux du vin, du foin, du chanvre, des cocons de vers à soie, et des huiles de noix et d'olives, au moins une fois par chacune des quatre saisons de l'année, car le prix de ces productions peut être d'une grande importance dans toutes les procédures où il s'agit de liquidation de fruits, ou d'estimer les héritages par les récoltes qu'ils sont propres à produire (11). —

— On objectera peut-être encore que les experts pourront, s'ils le veulent, baisser la production de l'héritage qu'il s'agit d'estimer ; c'est-à-dire, fixer le produit d'une mesure de blé, semée dans les terres, à 3, 4, 5, 6 et 7 pour 1, plus ou moins, et ainsi des autres productions : que si l'arbitraire peut-être prévenu par les mercuriales, touchant leur valeur annuelle, il ne laissera pas de subsister relativement à leur quantité. —

— Je réponds d'abord que ce sera déjà un grand avantage de l'avoir ainsi resserré sur le prix des denrées ; d'ailleurs, il ne faut pas croire que les experts puissent beaucoup varier sur le plus ou moins des produits, parce que ce sont des choses généralement connues dans chaque pays, en sorte que l'on pourrait facilement en rapporter preuve par témoins ; et d'ailleurs, les parties peuvent donner aux experts des assistans qu'on nomme vulgairement sapiteurs, choisis parmi les cultivateurs du pays, qui ne leur permettraient pas de s'écarter du taux des produits ordinaires (12). —

---

(11) Les mercuriales pour les vins manquent dans le département de l'Isère, parce que, d'une part, il n'y a point de marché proprement dit pour cette denrée, que d'ailleurs le prix en varie singulièrement d'un lieu à un autre, de commune à commune ; il est même très-ordinaire de trouver dans la même commune et presque dans le même mas, des vins de qualités et de prix très-différens, ce qui est commun à tous les pays de vignobles.

On ne trouve rien non plus à l'égard du chanvre, des cocons et des huiles, il serait cependant bien facile de s'assurer du prix commun de ces produits aux époques de leur vente, et d'en tenir registre.

C'est, en conséquence, aux experts à rechercher avec soin, en s'informant auprès des personnes du pays qu'ils jugent dignes de foi, de la quantité de vin, de chanvre, de cocons et d'huile que produisent les immeubles qu'ils ont à estimer, ainsi que de leur qualité et de leur prix moyen.

(12) Il nous semble que M. Grand-Thoranne a fait ici une erreur. Les parties ne s'accordent jamais pour la nomination des sapiteurs ; elles en nomment chacune de leur côté et cherchent bien plutôt à placer des défenseurs et des surveillans auprès des experts, que des hommes propres à les éclairer et à leur faire

— Mais il doit suffire, ajoutera-t-on, que les juges prononcent dans leurs jugemens que les experts, en estimant un héritage ou un domaine, « feront toutes les opérations nécessaires » pour en connaître la valeur; —

» — Qu'ils auront égard aux fruits qu'il est susceptible de pro- » duire; —

» — Qu'il est permis aux parties de leur faire toutes les ob- » servations et réquisitions qu'elles trouveront à propos, pour » y avoir par eux tel égard que de raison. » —

— Ce n'est là qu'une erreur, dévoilée par l'expérience; cela ne suffit pas, j'ose l'assurer. Pour éluder les détails et les explications, et en même temps pour se rapprocher des termes du jugement, ils se borneront à énoncer dans leur rapport: *qu'ils ont fait toutes les opérations nécessaires pour connaître les valeurs; qu'ils ont eu égard aux fruits que les immeubles produisent, aux charges annuelles et aux observations et réquisitions des parties;* et d'après ces vaines assertions, qui n'offrent qu'une espèce d'énigme inexplicable, ils finiront par estimer arbitrairement l'immeuble à la somme de... Telle est la tendance de l'esprit humain vers l'indépendance et l'arbitraire, qu'on pourrait le comparer à ces ressorts élastiques dont l'effort augmente à mesure qu'on les comprime davantage. —

— Quel sera alors l'espoir de la partie qui devient la victime d'une obscure et injuste estimation? Il sera impossible au juge de pouvoir la réparer lui-même; sa seule ressource sera donc de demander un second rapport, ce ne sera pas assurément sans de grands frais et sans le danger de se voir accabler ultérieurement sous le poids d'un rapport tout aussi obscur, arbitraire et injuste que le premier; et si l'autre partie, mécontente à son tour de ce second rapport, en demande un autre, il faudra en faire un troisième et même quelquefois un quatrième, ce qui épuise les plaideurs et rend les procès très-difficiles à juger (13). —

---

connaître la vérité; c'est le rôle ordinaire que jouent les sapiteurs. On sent qu'ils ne sauraient s'accorder entre eux, d'autant plus qu'ils s'écartent chacun de la vérité en sens inverse, suivant l'intérêt dans lequel ils agissent, et sans aucun scrupule, car c'est pour cela qu'on les a appelés; si on les avait crus capables d'agir autrement, on aurait fait un autre choix; ainsi, l'un élève les produits outre mesure, tandis que l'autre les abaisse de même, et les experts ne peuvent ajouter foi ni à l'un ni à l'autre, ils ne servent qu'à les fatiguer et les embarrasser dans leurs opérations, en cherchant à les induire en erreur, chacun dans leur sens.

(13) On n'a pas besoin de recourir au temps de l'ancienne législation pour

— Je ne puis donc trop insister à dire qu'il est utile et nécessaire d'exprimer dans les jugemens, en termes formels, le principe d'où les experts doivent partir, et ce qui n'est pas moins essentiel, de les obliger à donner par écrit les motifs de leur avis, avec tout le détail des opérations et des calculs sur lesquels ils l'ont fondé (14) : ce sont les seuls moyens de prévenir les suites fâcheuses de la partialité, de la prédilection et de l'arbitraire ; de renfermer les experts dans le cercle du pouvoir qui leur est communiqué par la justice, et de les subordonner à l'autorité des juges, au-dessus desquels un usage abusif semble les avoit élevés. —

— Que si les experts, malgré cette précaution, contreviennent au jugement, c'est-à-dire qu'ils s'écartent du principe qui leur est prescrit (15), qu'ils omettent de donner avec clarté et précision les motifs de leur avis, et d'insérer dans leur rapport les calculs des productions, de leur prix, et des déductions ; alors ce sera le cas d'annuler leur rapport, et non-seulement de les condamner à restituer les vacations qu'ils auront reçues, mais encore de les déclarer responsables des dommages-intérêts des parties et des dépens d'une autre procédure (16). —

---

avoir des exemples sur ce fait, la jurisprudence moderne en offre un grand nombre.

(14) L'opinion de M. Grand-Thoranne est ici conforme à plusieurs dispositions du Code civil et du Code de procédure. Son ouvrage, qui a paru en 1785, a été très-répandu, et il est à croire que ses observations n'ont pas été sans influence à l'égard des sages précautions qu'on trouve dans les deux Codes sur cette matière.

(15) Voir le chapitre 4.

(16) Nous ne pouvons partager entièrement l'opinion de M. Grand-Thoranne; la peine qu'il veut qu'on prononce contre les experts est extrêmement rigoureuse ; elle les atteint non-seulement sous le rapport pécuniaire, mais encore dans leur honneur et leur considération. Les demandes des parties à ce sujet ne sauraient être accueillies qu'autant que les juges sont parfaitement convaincus que les experts ont été de mauvaise foi dans leurs opérations.

Au reste, il est facile de voir que M. Grand-Thoranne a écrit les trois chapitres qui précèdent, sous l'influence de l'indignation que lui avait inspiré la partialité de quelques experts avec lesquels il avait eu à opérer, et il serait très-injuste de trop généraliser ce qu'il dit. On trouve actuellement et partout, des experts dignes de l'estime et de la confiance des magistrats, et on doit prendre garde de ne pas les rendre victimes de quelques erreurs qu'ils auront pu involontairement commettre. Au reste, les observations de M. Grand-Thoranne sur cette matière n'en sont pas moins très-judicieuses et ne sauraient être trop méditées par les magistrats, les gens d'affaires et toutes les personnes qui s'occupent d'expertises.

— Cette peine ne doit point paraître étrange, puisque les experts seront, en ce cas, coupables de dol, ou, si l'on veut, d'une faute grave que les lois comparent au dol, comme le dit Coquille sur la coutume de Nevers, chap. 10, art. 17, d'après la loi 226, *ff. de verb. signif. Magna negligentia culpa est: Magna culpa dolus est.* Et c'est sur ce principe que l'arpenteur, qui a fait une fausse mesure, ou par dol ou par une négligence grave qui est comparée au dol, ouvre contre lui une action en dommages-intérêts. *L.* 1re, *ff. si mens. fal. mod. dix.*

CHAPITRE IV.

Suite du précédent. — *Importance des fonctions des experts, et règles générales qu'ils doivent suivre* (1).

M. Grand-Thoranne, en traitant, dans les chapitres précédens, des effets funestes de l'arbitraire chez les experts, a déjà fait sentir combien leurs fonctions sont importantes, puisque d'elles souvent dépendent la fortune et l'honneur des citoyens. Nous ajouterons à ce qu'il a dit, les observations suivantes :

Aujourd'hui les experts sont nommés ou par les parties, s'accordant à ce sujet, ou d'office par les tribunaux. Cod. proc. 304 et 306. Si les parties font cette nomination, elle est le résultat du choix de toutes les deux simultanément, et les experts ne peuvent se prétendre désignés par l'une plutôt que par l'autre. Pour répondre à la confiance qui leur est accordée, ils doivent mettre la plus grande impartialité dans leurs opérations ; s'ils agissaient autrement, ils trahiraient tous leurs devoirs et les parties elles-mêmes. Si, au contraire, les parties ne peuvent s'accorder, ce sont les juges qui tranchent la difficulté ; c'est alors à la confiance des magistrats que les experts ont à répondre. Dans l'un et l'autre cas, ils doivent bien se pénétrer de la pensée qu'ils sont les hommes de la loi et non des parties ; qu'ils sont appelés à faire ce que les juges devraient faire eux-mêmes, mais que leur position, leurs occupations comme magistrats, ou le défaut de connaissances spéciales qu'ils ne peuvent avoir, ne leur permettent pas de faire ; qu'ainsi, ils remplacent les juges et en font réellement les fonctions pour tout ce qui est compris dans leur mandat ; ils doivent, sous ce rapport, se considérer comme des juges délégués ; seulement leurs décisions ne sont pas définitives, comme pourraient

(1) M. Grand-Thoranne avait intitulé son quatrième chapitre : *Observations sur la manière de faire des rapports d'experts*, mais comme toutes ses observations portaient sur des matières de l'ancien droit, telles que les compositions de masse pour allocation de légitime ou supplément de légitime, et ne pouvaient en conséquence recevoir aucune application aujourd'hui, nous avons cru devoir le supprimer et le remplacer par celui-ci, qui n'est en effet qu'une suite du précédent.

l'être celles des juges mêmes, mais cela n'ôte rien à leur importance, car elles sont destinées à devenir définitives, toutes les fois qu'elles se trouvent conformes à ce qu'exigent les lois et la justice.

Avant d'opérer, les experts prêtent serment, devant l'un des magistrats qui ont rendu le jugement qui contient leur mandat, de bien et fidèlement remplir les fonctions à eux déférées, Cod. proc., art. 307. Combien il est sacré et important, cet engagement pris dans le sanctuaire de la justice, en présence de Dieu, envers les parties, les magistrats et la société tout entière intéressée à la bonne administration de la justice! Combien il est méprisable l'homme qui viole un pareil serment!

Nous avons dit que des opérations des experts dépendent souvent la fortune et l'honneur des citoyens, nous ajouterons que leur liberté et leur vie même en dépendent souvent aussi.

En matière criminelle, la justice a quelquefois besoin d'être éclairée par des vérifications, des expériences et des opérations qui exigent des connaissances spéciales; appelée à s'expliquer devant le jury, l'opinion des experts peut souvent entraîner celle des jurés, faire absoudre l'accusé ou faire tomber sa tête!

Qu'elles sont honorables, qu'elles sont grandes et importantes les fonctions des experts en pareilles circonstances! C'est la société tout entière outragée qui leur confie ses intérêts, c'est, en quelque sorte, le sort de l'accusé qui est remis dans leurs mains. Mais quelle sollicitude ne doivent-elles pas leur inspirer, quels crimes ne peuvent-ils pas commettre, à quels affreux remords ne s'exposent-ils pas, s'ils se permettent d'agir légèrement ou avec quelque partialité? Qu'ils songent et n'oublient jamais que la moindre inattention, la moindre omission, le plus petit oubli de leur part, peut masquer la vérité ou empêcher de la découvrir, faire condamner un innocent ou absoudre un coupable, laisser un crime impuni et la société sans vengeance, ce qui n'est pas moins malheureux, pas moins affligeant.

Nous voudrions pouvoir tracer ici des règles propres à guider les experts dans toutes les opérations qu'ils peuvent avoir à faire, mais il est impossible de prévoir tous les cas, c'est pourquoi nous nous bornerons à indiquer les règles générales auxquelles ils doivent s'astreindre dans presque tous les cas, et nous parlerons dans les chapitres suivans, des opérations qui se présentent le plus ordinairement.

1° La première règle que les experts ont à observer, c'est de se renfermer strictement dans les limites du mandat qui leur est donné et de jamais s'en écarter; ils ne doivent point porter leurs investigations sur des objets étrangers à ceux sur lesquels ils sont appelés à émettre un avis, à moins cependant que leurs recherches sur des objets ou faits étrangers, ne doivent les conduire à quelque résultat portant directement sur ce qui fait partie de leur mission.

2° Les experts doivent faire connaître, dans leur rapport, d'une manière claire et précise, l'objet de leur mandat, et pour cela il convient qu'ils fassent une analyse, très-sommaire, à la vérité, des faits de la contestation qui ont amené le jugement portant leur commission. Quant à la teneur de ce jugement, ils ne doivent point se contenter de l'analyser, ils doivent en transcrire le dispositif en entier, ou du moins toute la partie relative à leur mandat; ils doivent même transcrire ceux des motifs du jugement qu'ils jugent nécessaires à l'intelligence du dispositif.

3° Ils doivent faire connaître par leur nature et leurs dates, les actes portant leur nomination, si elle n'est pas contenue dans le dispositif du jugement.

4° Ils doivent toujours faire mention de leur prestation de serment, en en indiquant la date et en désignant le magistrat qui l'a reçu: un rapport d'expert doit toujours porter avec lui la preuve que toutes les formalités dont la loi a voulu entourer ces sortes de procédures, ont été remplies.

5° Ils doivent faire mention d'une manière positive, des dires, réquisitions et observations que les parties peuvent leur adresser; ils ne doivent point se borner à une simple analyse à ce sujet, il faut qu'ils entrent dans assez de détails pour que les parties soient certaines qu'ils n'ont point perdu de vue les objets sur lesquels elles ont voulu attirer leur attention; il convient même, si les objets sur lesquels portent les dires et réquisitions des parties sont importans, et toujours si elles le demandent, de les coucher par forme de comparution signée d'elles et de leurs avoués, dans le procès-verbal qui précède le détail des opérations des experts (2).

---

(2) La signature de l'avoué est souvent très-essentielle, surtout quand les parties ne savent pas signer, à cause des aveux et des faits que leurs comparutions peuvent contenir; il ne faut pas que les parties puissent prétendre que l'on a abusé de leur ignorance ou de leur confiance, et surtout qu'elles ne puissent pas dénier ce qu'elles ont dit, et soutenir, ce dont les plaideurs de mauvaise foi sont très-capables, que leurs comparutions sont l'ouvrage des experts et non le leur; elles ne seraient pas crues par la justice, mais un pareil fait

6° S'il s'élève quelques contestations entre les parties sur ce qui est compris dans les objets soumis à l'appréciation des experts, et même sur le mode qu'elles peuvent prétendre qu'ils doivent suivre dans leurs opérations, les experts ne doivent jamais se permettre de juger et trancher la difficulté, mais ils doivent renvoyer les parties et se pourvoir devant le tribunal saisi de leur procès (3).

7° Si ces parties s'accordent pour soumettre à leur appréciation quelque objet non compris dans le jugement, ils doivent coucher avec soin, dans le procès-verbal du rapport, leurs comparutions à ce sujet, et les leur faire signer (4), cela fait, ils pourront s'occuper de ce nouvel objet, l'accord et le consentement des parties forment pour eux un nouveau mandat qui équivaut à celui résultant du jugement.

8° Si le jugement a tracé aux experts le mode d'après lequel ils doivent procéder, ils ne doivent point s'en écarter, sauf à y faire entrer tous les détails et tous les renseignemens qu'ils jugent propre à éclairer la conscience du juge. Néanmoins, si les experts s'aperçoivent qu'en suivant un mode autre que celui qui leur est indiqué, ils obtiendront un résultat différent, plus conforme, suivant eux, à la vérité et à la justice, il convient qu'ils fassent connaître les raisons qui leur donnent cette conviction, et qu'après avoir procédé comme il leur est prescrit, ils fassent une double opération conforme à leur opinion particulière (5).

---

pourrait néanmoins porter, dans certains esprits, atteinte à la considération des experts.

(3) Les experts dressent alors un procès-verbal des dires et réquisitions des parties, à la suite duquel ils mettent le renvoi.

(4) Nous ne croyons pas que, dans ce cas, la signature de l'avoué pût suffire, à moins qu'il n'eût reçu un mandat *ad hoc* (pour cela), autrement il excéderait les pouvoirs qu'il tient, en sa qualité, de la loi, ce qui l'exposerait à être désavoué, ferait tomber le rapport, du moins pour cette partie, et ébranlerait, en outre, singulièrement la confiance qu'il pourrait mériter pour tout le reste. Cependant, si les parties ne savaient pas signer, nous pensons que la signature de l'avoué suffirait, en ayant soin, 1° de faire mention de la présence des parties ; 2° que leurs comparutions leur ont été lues ; 3° enfin des causes physiques qui leur ont empêché de signer. La confiance due aux experts doit s'étendre jusque-là.

On pourrait objecter que c'est là un compromis que des experts, qui ne sont pas officiers publics, ne peuvent recevoir. Cela serait vrai s'il s'agissait d'investir les experts du pouvoir de juger la contestation ou seulement l'un des points en litige, mais il ne saurait en être de même dès l'instant qu'il ne s'agit que d'une simple vérification ou d'un avis à émettre sans rien juger.

(5) Un jugement interlocutoire est réparable en tout état de cause, et il

9° Lorsqu'un expert se trouve d'opinion opposée à celle des deux autres, ceux-ci ne doivent point s'opiniâtrer à le ramener à leur sentiment, et ne doivent nullement résister à ce que son avis motivé soit inséré au rapport. Il peut fort bien arriver que sur trois personnes il y en ait deux qui se trompent; il est donc raisonnable, en cas de partage d'opinion, de mettre les juges à même d'apprécier tous les avis; mais on doit alors strictement se conformer à ce qui est prescrit par l'art. 318 du Code de procédure, dont le second alinéa est ainsi conçu: « ils » (les experts) indiqueront néanmoins, en cas d'avis différens, » les motifs des divers avis, sans faire connaître quel a été » l'avis personnel de chacun d'eux » (6).

10° Les experts ne doivent jamais laisser connaître aux parties ni à qui que ce soit, leur opinion ni le résultat du rapport, jusqu'à ce qu'il soit déposé, et lorsque le rapport contient des avis différens, ils ne doivent jamais, et dans aucun cas, se permettre de faire connaître quelle a été leur opinion personnelle (7).

---

n'est point de magistrat qui ne s'empresse de faire usage de la faculté que lui laisse la loi à ce sujet, lorsqu'il s'aperçoit qu'une erreur s'est glissée dans son interlocution. Ainsi, les experts, en plaçant sous les yeux des juges une double opération, leur donnent les moyens de reconnaître et d'apprécier les vices du jugement interlocutoire, et les mettent à même de les réparer. Néanmoins les experts ne doivent agir ainsi que quand il leur parait bien évident que le mode de procéder qu'on leur a tracé est vicieux, et pourrait être préjudiciable aux droits de l'une des parties, autrement ils ne feraient que multiplier les frais en pure perte.

(6) Il peut même arriver que chaque expert ait une opinion particulière et qu'il y ait ainsi trois avis différens et inconciliables; en agissant comme nous venons de l'indiquer, et en se conformant à l'art. 318 du Code de procédure, on évitera des discussions qui pourraient, suivant les circonstances, devenir désagréables, et la justice n'en sera peut-être que mieux éclairée sur les droits réciproques des parties.

(7) Tant qu'un rapport n'est pas déposé, il est réputé ne pas exister et peut toujours être changé. Si les experts laissent connaître leur opinion, ils s'engagent en quelque sorte, envers les personnes à qui ils la confient, à ne pas en changer, et s'ôtent ainsi les moyens de réparer les erreurs qu'ils pourraient avoir commises dans le principe.

Cette indiscrétion peut encore avoir d'autres inconvéniens graves. La partie en faveur de qui se trouverait l'opinion que les experts auraient laissé connaître, pourrait fort bien se refuser à tout arrangement et en être la victime en définitive, tandis que l'autre emploierait toutes ses ressources pour arrêter les opérations de l'expertise et se préparer les moyens de l'attaquer avec avantage. Combien en voit-on qui, sur de simples soupçons, mettent en jeu tous les dé-

11° Enfin, il faut que le rapport soit écrit par l'un d'eux, et s'ils ne savent écrire ni les uns ni les autres, par le greffier de la justice de paix du canton où ils opèrent. (Cod. de procéd. 317) (8).

---

tours de la chicane pour prévenir un résultat qu'elles croient leur devoir être contraire, et poussent même les choses jusqu'à chercher de mauvaises querelles aux experts, pour les mettre dans le cas de ne pouvoir opérer et d'obliger leurs adversaires à accepter leur démission, qui devient forcée.

Lorsque le rapport contient des avis différens, les termes dans lesquels est conçu l'art. 318 du Code de procédure, les convenances et les égards que se doivent réciproquement les experts, s'opposent à ce qu'ils laissent jamais connaître quelle a été leur opinion personnelle; d'ailleurs, les motifs insérés au rapport doivent seuls influer sur l'esprit du juge. Un expert doit se garder d'y ajouter le poids de la considération particulière dont il peut jouir.

(8) Voir le chapitre 21.

CHAPITRE

CHAPITRE V.

Essai d'estimation d'un corps de domaine par suite d'une demande en rescision de vente, pour cause de lésion (1).

Les ventes d'immeubles sont sujettes à rescision, lorsqu'il y a une différence de sept douzièmes en moins, entre le prix de la vente et la juste valeur des immeubles. Cod. civ. 1674.

La preuve de la lésion ne peut se faire que par un rapport de trois experts. Cod. civ. 1675.

Nous supposons ici que la demande porte sur un corps de domaine complet, et nous allons faire connaître la manière dont nous pensons que les experts doivent opérer dans ce cas: nous indiquerons dans le chapitre suivant les modifications qu'il convient d'y apporter, et les autres règles qu'il est à propos de suivre, si la demande ne porte que sur la vente d'immeubles déterminés ou isolés, qui ne sauraient à eux seuls constituer un corps de domaine.

§ 1er. *Domaine d'un seul ténement. Description des immeubles.*

Les experts commenceront par faire une description générale du domaine, s'il ne forme qu'un seul ténement; ils indiqueront la commune et le nom du mas où il est situé, ses principaux confins, ses contenances générales, les différentes natures de culture dont il se compose ou dont il est susceptible; les maisons de maître, fermière, et bâtimens ruraux, jardins et lieux de plaisance, s'il en existe; les fontaines, les eaux propres à l'arrosage; la nature de ses eaux; si elles proviennent de sources, d'un ruisseau, d'une rivière ou d'un canal d'irrigation; ils passeront ensuite à la description de chaque objet en particulier.

Maison de maître, jardins et objets de plaisance.

S'il existe une maison de maître avec des jardins, allées, bos-

(1) M. Grand-Thoranne avait intitulé son cinquième chapitre : *Essai d'estimation d'une succession, ou composition de masse en argent*; ce genre de procédure ne pouvant plus avoir lieu aujourd'hui, nous y avons substitué le chapitre ci-dessus, en conservant tout ce qui se trouve dans l'ouvrage de M. Grand-Thoranne qui peut s'y appliquer. Voir le chapitre 22.

quets et autres objets de plaisance y attenant, ils en feront soigneusement la distinction, ils les décriront le plus exactement possible ; ils indiqueront le nombre d'étages dont la maison se compose, le nombre de pièces de chaque étage, leur grandeur et dimension, les croisées dont elles sont éclairées, les alcôves, cabinets, placards qui s'y trouvent, de quelle nature en sont les aires, si elles sont ou non plafonnées, leur bonne ou mauvaise distribution, leur état particulier, celui de la maison en général, les principales réparations dont elle aurait besoin. Ils décriront aussi les caves et les diverses aisances qui peuvent s'y trouver, telles qu'éviers, dépenses, cabinets de bains, greniers, galetas et autres, la nature de la toiture, la forme de la charpente du toit, etc.

Ils indiqueront la position des allées, bosquets, bois de plaisance, terrasse, cours et jardins, et leur étendue ; quant aux jardins, si ce sont des jardins anglais, des parterres ou des potagers ; ils feront avec soin mention des fontaines, jets d'eaux, réservoirs ou citernes qui peuvent s'y trouver ; ils estimeront ensuite le tout suivant la plus-value que ces objets peuvent donner au domaine ; ils feront connaître avec soin les motifs qui détermineront leur opinion ; ils ne sauraient donner trop d'attention à ce sujet, car, nous ne pouvons le dissimuler, il ne peut y avoir de bases fixes et déterminées pour ces sortes d'estimations, qui sont nécessairement livrées à l'arbitrage des experts, et il importe qu'ils prennent toutes les mesures possibles pour justifier leur avis à cet égard (2).

Bâtimens ruraux.

Les experts décriront avec le même soin et les mêmes détails, les maisons fermières, les granges, écuries, greniers à foin, magnoneries, celliers, remises, hangars, etc.

Ils examineront si les commodités qu'ils offrent pour l'exploitation, le logement du fermier, de sa famille et des bestiaux, sont de nature à influer sur le prix de ferme en argent qu'on pourrait retirer du domaine, ou à déterminer un colon partiaire à en donner un prix de location quelconque ; ils détermineront à combien peut s'élever cette influence ou ce prix de location, pour le joindre à la masse des produits du domaine et en déterminer le prix total, ainsi que nous l'expliquerons ci-après (3).

---

(2) On conçoit que le mauvais état de la maison de maître, des murs de clôture, des cours, jardins, peuvent rendre la plus-value absolument nulle.

(3) Il peut arriver qu'il existe une quantité de bâtimens ruraux telle, qu'il

Des terres labourables.

— Les experts s'assureront d'abord du contenu de toutes les terres labourables, et si elles sont de plusieurs qualités; ils en feront deux ou trois classes, même plus, si cela est nécessaire, et en rendront compte dans leur rapport. —

— Ils expliqueront la quantité des grains qu'on peut y semer chaque année, en froment, seigle, maïs, orge, avoine, etc., explication très-facile lorsque l'étendue du terrain est connue.

— Le contenu des terres qui doivent rester en jachère pendant un an (4); —

— Quelle partie de cette dernière espèce de terre est susceptible de produire ce qu'on appelle des *mars*, c'est-à-dire des grains ou légumes qu'on peut semer au commencement du printemps, sans porter préjudice à la fécondité de la terre pour la récolte principale de l'année suivante, et quelle quantité de ces grains ou légumes appelés mars, on peut y semer. —

— La portion de terre du domaine, qui peut produire du chanvre; combien de mesures de graines on peut y semer chaque année, et quelle quantité ou poids de chanvre le fonds peut produire. —

— Ils s'expliqueront ensuite d'une manière claire et précise, touchant le produit de chaque semence, et sur ce point ils agiront, non-seulement d'après leurs propres connaissances, mais encore d'après les instructions des assistans ou sapiteurs, si les parties en ont nommé, ou des principaux cultivateurs du pays (5). —

---

y en ait plus qu'il ne faut pour l'exploitation du domaine; les experts examineront s'il serait possible de louer l'excédent sans inconvénient; en cas d'affirmative, ils détermineront le prix de location qu'on pourrait en retirer, et en feront l'estimation à part, ainsi que nous l'expliquerons ci-après, pour en joindre la valeur à l'estimation du domaine.

Nous disons que les experts examineront si l'excédent des bâtimens peut être loué séparément, car il peut arriver qu'ils soient disposés et construits de telle manière que toute division pour location particulière soit impossible, comme aussi ils peuvent se trouver situés au milieu de la campagne et isolés, alors on ne trouve que difficilement des locataires, et souvent leur présence est plus nuisible que profitable au propriétaire. Il est évident, dans ces deux cas, que l'excédent des bâtimens, loin d'augmenter la valeur du domaine, est plutôt une charge pour le propriétaire.

(4) Il est maintenant beaucoup de pays où l'on ne laisse plus de terres en jachère; les experts doivent s'assurer de ce fait et s'en expliquer.

(5) Ce dernier genre d'instruction doit toujours être préféré, et les experts ne doivent jamais négliger de se le procurer.

— Lorsqu'ils auront fait le détail et le calcul de tous les fruits des terres, ils en déduiront les semences. —

— Ils énonceront ensuite la portion restante pour le propriétaire, on la fixe communément à la moitié, et l'autre pour le cultivateur; mais il faut suivre, à cet égard, l'usage établi dans chaque pays, parce que ces usages sont vraiment des lois (6). —

— Enfin, ils en estimeront et calculeront en argent le produit total d'après les mercuriales des marchés les plus voisins, et cela, d'après une moyenne proportionnelle qu'on prend ordinairement sur les dix dernières années antérieures à la vente attaquée.

Vignes.

— Ils énonceront aussi le contenu des vignes, soit basses, soit hautes ou hautins, expliqueront combien elles sont susceptibles de produire ordinairement d'hectolitres de vin par chaque are ou hectare; et cela, de l'avis des sapiteurs ou des cultivateurs du pays (7). —

— Ils déduiront sur le produit les dépenses annuelles en frais de culture, dont ils donneront l'explication et feront l'estimation en se conformant encore à l'usage, soit qu'ils se prélèvent en vin ou en argent. —

— La quantité de vin restant au propriétaire, une fois déterminée, ils en déduiront la douzième partie pour le déchet qui se fait depuis les vendanges jusqu'au temps où il est clarifié et vendable, et ils en estimeront la valeur en argent, suivant les mercuriales ou registres des gros fruits, ou, s'il n'y en a pas à l'époque convenable, ils l'estimeront d'après les renseignemens qu'ils prendront, ou sur les livres de raison des marchands et des principaux habitans (8).

Prairies et paquis.

— Les experts vérifieront aussi les prés, en énonceront le contenu article par article, leur qualité et leur produit ordinaire de tant de quintaux *métriques* de foin, par are ou hectare; ceux qui sont susceptibles de produire du refoin ou regain, et quelle quantité ils peuvent en produire, aussi par *are ou hec-*

---

(6) *L.* 32. § 1. *ff. de leg.*

(7) Voir la note 5 ci-dessus.

(8) Voir le chap. 3, note 5, page 11.

tare ; et ceux qui ne peuvent servir que de pâturages, qu'on appelle *vulgairement* paquis. —

— Ils s'expliqueront sur le nombre et la qualité des bestiaux qui sont nécessaires pour la culture du domaine, et sur la quantité de foin ou de refoin nécessaire pour leur nourriture, outre la paille et les paquis ; on sait à-peu-près ce que peuvent manger par jour un cheval, un bœuf, etc. —

— S'il paraît, par ce calcul, qu'il y ait un excédent de prairies dont les experts expliqueront le contenu, ils doivent en estimer la récolte à raison de tant de quintaux *métriques* de foin ou de refoin, annuellement, suivant le prix ordinaire, qui sera trouvé par les moyens ci-dessus indiqués, et sous la déduction des frais de récolte ; ils pourront aussi avoir égard au prix des louages annuels des prairies semblables dans le lieu ou les environs, qui se font à tant par are ou hectare, ou autres mesures. —

— Mais s'il n'y a des prairies qu'à concurrence de la consommation des bestiaux nécessaires à la culture du domaine, elles ne doivent pas entrer en estimation, non plus que les paquis, qui ne servent qu'à coopérer à leur nourriture, car ce serait une espèce de double emploi, d'avoir porté en compte le profit des terres et des vignes, et d'y ajouter encore le produit des prés, qui ne sert qu'à la nourriture des bestiaux de travail. —

— Je ne pense pas qu'on doive faire une considération sur les prés artificiels, parce qu'ils ne sont formés qu'en diminuant la quantité des terres labourables ; le profit qu'on peut en retirer n'est censé provenir que de l'industrie de l'agriculteur ; d'ailleurs, cette permutation des terres en prés artificiels est dispendieuse, soit pour les labours, soit pour les semences et l'épierrement (9). —

Fruits des arbres.

— Les experts vérifieront et énonceront dans leurs rapports la quantité de pieds de mûriers qui sont dans le domaine, à combien d'onces de graines de vers à soie ils peuvent fournir la

(9) En 1785, l'usage des prés artificiels était beaucoup moins commun qu'aujourd'hui, où il est devenu presque général. On les préfère même aux prés naturels, parce qu'ils produisent beaucoup plus et récompensent amplement des travaux et peines qu'ils coûtent, au point que, dans beaucoup de localités, on détruit les prés naturels pour les convertir en terres labourables ou en prairies artificielles, dont il faut une étendue bien moins considérable pour

nourriture, combien on peut en espérer de livres ou kilogrammes de cocons, année commune, et le prix des cocons, sous les déductions à faire selon l'usage du pays ; ou bien quelle somme on pourrait retirer de la vente annuelle des feuilles de mûriers. —

— Il en est de même des fruits des autres arbres, tels que les oliviers, noyers, cerisiers, pommiers, poiriers, etc. Les experts, après avoir consulté les sapiteurs (10) ou les meilleurs et les plus intelligens cultivateurs du pays, doivent rendre compte, dans leurs rapports, du produit qu'ils peuvent donner, année commune, en distinguant les différentes espèces d'arbres et la quantité de fruits qui leur est propre, dont ils feront aussi l'estimation en argent, soit que ces fruits soient vendus, soit qu'on en nourrisse des bêtes, entre autres des pourceaux (11). —

Bois taillis.

— S'il y a des bois taillis, les experts en distingueront d'abord les qualités et indiqueront le contenu de terrain qui est garni de chaque qualité. —

— Ceux de chênes, de hêtres et autres semblables, qui ne peuvent servir qu'au chauffage ou être convertis en charbons, sont ordinairement exploités à quinze ans dans les pays tempérés, et dix-huit et vingt ans dans les climats froids et les montagnes (12); les experts doivent s'expliquer s'ils sont bien

---

avoir le même produit, ce qui augmente le revenu total. Les experts auront à examiner si les prairies artificielles sont le résultat d'une spéculation du cultivateur et de son industrie, qui ne saurait être portée en ligne de compte dans l'estimation, ou si elles sont nécessitées par le défaut de prés naturels ; dans ce dernier cas, les experts distrairont de leurs évaluations la quantité de terres labourables qu'ils jugeront devoir être tenues chaque année en prairies artificielles, pour la nourriture des bestiaux nécessaires à la culture du domaine.

(10) Voir le chapitre 3, note 7, page 11.

(11) Il peut arriver que les produits des arbres ne doivent entrer que pour très-peu de chose dans l'estimation, par exemple si les mûriers sont vieux et décrépits, si les arbres fruitiers sont sur le retour et ne peuvent plus avoir qu'une courte durée ; les experts doivent prendre toutes ces circonstances en considération et en faire mention, et, dans tous les cas, ils doivent toujours baser le terme moyen du produit des arbres sur leur durée présumée, et la nécessité de les remplacer au bout d'un certain temps.

(12) Et même beaucoup plus dans certaines localités.

garnis ou s'il y a des places vides, combien ils peuvent produire de stères ou mètres cubes de bois, ou de charges de charbons par ares ou hectares, et sur le prix du *stère* de bois ou de charbon, prix facile à fixer, par le moyen des livres de raison des négocians en bois ou en charbons, et de ceux des fabricans. —

— Si les experts jugent que les débris des arbres du domaine, les sarmens, la tonte des arbres qui ne sont destinés qu'à faire des fagots, ne suffisent pas pour le chauffage du fermier ou agriculteur, ils fixeront et retrancheront des bois taillis un contenu convenable pour cet usage. —

— Ils prendront les mêmes précautions et donneront les mêmes explications touchant les taillis de châtaigniers, dont les coupes sont ordinairement plus hâtives, soit qu'on les convertisse en charbons, soit qu'on les vende pour des cercles de tonneaux ou des perches de treillage, à l'exception, néanmoins, des plants qui sont destinés pour soutenir les vignes en hautins ou treillages, qu'on laisse croître pendant 18, 20 ou 25 ans. S'il y a de ces vignes en grands treillages dans le domaine à estimer, les experts réserveront un canton de cette dernière espèce de taillis pour leur entretien, sans oublier d'énoncer le contenu (13). —

— Les experts liquideront les revenus de ces bois taillis, déduction faite des frais d'exploitation, en proportion du nombre d'années qu'ils mettent à croître, c'est-à-dire que pour ceux qui ne s'exploitent que tous les quinze ans, ils prendront la quinzième partie du prix total de la coupe, et ainsi des autres. —(*Voir le chapitre* 13 *ci-après.*)

Bois de futaie.

— Tels sont les bois de sapins, suiffes, mélèzes, chênes, hêtres, etc. Les experts ne doivent point encore en estimer arbitrairement et obscurément la valeur, mais énoncer le nombre d'arbres, leur qualité, leur taille, en les divisant, si l'on veut, en plusieurs classes; expliquer la facilité ou la difficulté de l'extraction et de la vente, eu égard à l'état des chemins, à la proximité ou à l'éloignement des rivières navigables et des villes et bourgs, et, s'il est possible, en calculer le cube par stère ou mètres cubes; expliquer aussi les frais d'exploitation et des voitures, en un mot, ne négliger aucun détail, aucun

(13) S'il n'y a point de bois de ce genre dans le domaine, les experts y auront égard par rapport à l'entretien des vignes et treillages.

éclaircissement pour soutenir l'estimation qu'ils en feront, et mettre le juge à portée de décider si elle est juste ou non. —

— Ils feront aussi l'estimation du sol de ces bois de futaie, par le produit dont il est susceptible, soit en le défrichant, soit en y laissant recroître le bois en futaie ou en taillis; dans l'un et l'autre cas, ils se fixeront sur la somme du produit futur, sous la déduction des frais du défrichement ou de l'exploitation, dont ils feront le détail, et la somme restante capitalisée, comme nous l'indiquerons pour les autres produits, sera jointe à l'estimation des autres immeubles. (*Voir le chapitre* 13 *ci-après.*) —

Si l'acquéreur contre qui l'action en lésion est dirigée, a fait exploiter les bois de futaie, les opérations des experts deviennent beaucoup plus difficiles. Il faut qu'ils examinent avec soin les souches des arbres qui ont été abattus, pour s'assurer, autant que possible, de leur quantité et de leurs dimensions; qu'ils prennent des informations auprès des ouvriers qui ont travaillé à l'exploitation, des personnes qui ont acheté les bois; enfin ils ne doivent négliger aucune recherche pour s'assurer de la vérité et donner, dans leur rapport, tous les détails convenables à ce sujet pour éclairer les magistrats et justifier leurs estimations. (*Voir le chapitre* 13 *ci-après.*)

Evaluation des produits en argent.

— Estimer tous les fruits des terres labourables, vignes, prairies, bois taillis, sur le taux des mercuriales de la seule année de la vente attaquée, ce serait tomber dans une grande erreur, puisque leur prix numéraire a si peu de stabilité, qu'on le voit souvent, d'une année à l'autre, s'élever ou s'abaisser d'un quart, d'un tiers, de la moitié et quelquefois plus, de telle sorte que l'on ne saurait presque jamais la vraie valeur, et que l'immeuble à estimer serait sujet à être d'un prix totalement différent de ce qu'il serait une année après ou de ce qu'il aurait été une année auparavant : il convient, pour éviter cet inconvénient, de prendre une moyenne proportionnelle sur les prix des denrées, pendant les dix années qui ont précédé la vente. —

Résultat.

Tous les produits du domaine étant ainsi évalués en argent, les experts les capitaliseront sur le pied du quatre et demi, quatre, trois et demi ou trois pour cent, suivant la valeur des immeubles dans la contrée, à l'époque de la vente.

On demandera sans doute si, avant de faire cette opération, on ne doit pas distraire des produits les impositions et charges annuelles autres que celles dont nous avons parlé; nous répondons, à l'égard des impositions, qu'étant sujettes à varier, on n'en peut rien conclure de positif pour le plus ou moins de valeur d'un immeuble, à une époque déterminée, comme dans le cas actuel. D'ailleurs, il est d'usage, presque partout, de prendre le produit brut des immeubles pour base de la capitalisation de leur valeur. Au reste, comme il est certain que les impositions diminuent plus ou moins chaque année le produit net des immeubles, nous pensons que les experts feront très-bien d'y avoir égard, en déterminant la base d'après laquelle ils calculeront le capital; il en est de même des autres charges annuelles qui, sujettes à varier tous les ans, ne peuvent présenter non plus rien d'assez certain pour influer d'une manière marquée sur la valeur d'un immeuble un peu considérable à une époque déterminée; les experts doivent avoir soin d'expliquer toutes ces circonstances dans leur rapport, comme aussi de faire connaître les renseignemens d'après lesquels ils détermineront la base de leur capitalisation; ils pourront surtout les puiser dans les ventes d'immeubles de même nature dans la contrée, à l'époque ou du moins à des époques rapprochées de la vente attaquée.

Addition à l'évaluation.

Cette opération terminée, les experts joindront à son résultat,

Plus-value résultant de la maison de maître, jardin, etc.

1° La plus-value produite par la maison de maître et les objets d'agrément dont nous avons parlé ci-dessus, page 25.

Semences.

2° Les capitaux de semence, si la vente en comprend, en les estimant d'après les mercuriales des marchés les plus voisins à l'époque de la vente.

Bestiaux.

3° Les capitaux de bestiaux, s'il y en a, estimés d'après les prix des dernières foires de la contrée, avant la vente (14).

(14) Il est d'usage qu'à raison de l'avance des semences, du croît des bestiaux, de leur produit en laitage, le colon partiaire paye tous les ans une cer-

Attraits d'agriculture, vases vinaires, etc.

4° La valeur des attraits d'agriculture, pressoir, vases vinaires et autres objets de ce genre, parce qu'ils sont de nature à faire considération dans le prix de la vente, car si elle n'en eût pas compris, l'acquéreur eût été dans le cas d'en acheter à un prix certainement plus élevé.

Objets estimés séparément.

5° La valeur des bâtimens et des autres objets qui ont dû être estimés séparément, tels que les bois de haute futaie, les immeubles détachés, dont l'exploitation ne peut avoir lieu avec le corps du domaine, et dont l'estimation sera faite à part, ainsi que nous l'expliquerons bientôt.

Distraction.

Enfin, les experts examineront si les immeubles ne sont point grevés de quelque charge extraordinaire, de quelque servitude, ou exposés à quelques dangers de nature à en diminuer la valeur, tels que des digues à entretenir ou à réparer, un chemin à rétablir, un droit de passage, d'abreuvage, d'aqueduc, le danger des irruptions d'un torrent, d'une rivière, des éboulemens d'un côteau ou d'une montagne, etc. Les experts détailleront toutes ces circonstances, ils en feront l'appréciation motivée et en déduiront le montant sur la somme totale de leur estimation.

Ainsi, les experts termineront leur rapport en présentant le total de leurs estimations, toute distraction faite; ils en feront, s'ils veulent, la comparaison avec le prix de la vente, mais nous pensons qu'ils doivent laisser ce soin aux magistrats, seuls chargés de juger s'il y a ou non lésion.

§ 2. — *Domaine composé d'immeubles détachés.*

Nous avons supposé jusqu'à présent, que le domaine à estimer ne formait qu'un seul ténement, nous allons maintenant

---

taine somme convenue, désignée sous le nom de mi-croît dans certaines contrées, dans laquelle se trouvent compris le prix de location de la maison fermière, et que l'on peut considérer comme représentant le produit des prairies nécessaires à l'exploitation du domaine. Les experts ne doivent point perdre de vue cet objet, pour ne point faire de double emploi et ne point commettre d'omission.

présenter quelques observations sur la manière dont nous pensons que les experts doivent procéder, si le domaine est composé de divers immeubles détachés.

Avant de s'occuper de leur estimation, les experts examineront s'il n'y a aucun de ces immeubles qu'il ne convient pas de réunir dans la même exploitation. En effet, il peut y en avoir de tellement éloignés des bâtimens de la ferme, que l'exploitation par le même fermier ou colon en soit très-difficile ou trop coûteuse, et qu'il soit avantageux de les affermer à part, comme aussi il y en a qui, quoique rapprochés et de facile exploitation, peuvent être d'un produit plus considérable, affermés en particulier, que réunis à une exploitation générale : telles sont les terres rapprochées des bourgs ou des villes, susceptibles d'un genre de culture particulier, comme celui des hortolages, ou celles qui, par leur situation, sont propres aux entrepôts du commerce ; les experts auront soin de les distinguer et d'en faire des articles à part pour les estimer séparément, comme nous l'expliquerons dans le chapitre suivant.

Après avoir ainsi reconnu quels sont les divers immeubles qui doivent faire partie de la même exploitation, ils en feront la description article par article, et en détermineront ensuite les produits comme s'ils ne formaient qu'un seul ténement, en ayant cependant égard aux difficultés que leur exploitation peut présenter à cause de leur éloignement, et ils termineront leur rapport en réunissant toutes leurs estimations, en y faisant les réductions qu'ils jugeront fondées, et ce, conformément aux explications que nous avons données ci-dessus, qui s'appliquent à des immeubles détachés tout comme aux domaines d'un seul ténement.

CHAPITRE VI.

Estimation d'immeubles détachés, à faire par suite d'une demande en rescision de vente, pour cause de lésion (1).

Si les immeubles dont il s'agit ne sont pas susceptibles d'être exploités ensemble, ou qu'il ait été mis un prix particulier à chacun d'eux dans la vente, les experts les estimeront séparément de la manière suivante, en en faisant la description article par article.

Terres labourables.

Les experts en estimeront les fruits de la manière dont nous l'avons indiqué dans le chapitre précédent, et en capitaliseront de même le produit, seulement, ils auront égard à l'augmentation des frais de culture, occasionnée par les engrais que le propriétaire ou le fermier seront obligés de fournir.

Les experts s'assureront si elles ne sont point susceptibles d'un produit particulier et en feront l'appréciation; c'est pourquoi, si ces terres sont situées près d'un bourg ou d'une ville, qu'elles soient, par leur nature ou leur position, propres à la culture des hortolages ou à l'établissement de jardins, de telle sorte que l'on pût aisément en retirer un prix de ferme plus considérable que ne le serait leur produit en nature, suivant la culture ordinaire, ils auront soin de l'expliquer et d'entrer dans tous les détails nécessaires pour cet objet, ils les estimeront en conséquence et feront avec soin ressortir les motifs de leur avis. Il en sera de même pour les terrains propres aux constructions (2) et aux entrepôts du commerce; en un mot,

(1) Le chapitre 6 de M. Grand-Thoranne est intitulé: *Chapitre où sont évaluées les rentes et pensions viagères et les usufruits, avec les tables des calculs servant à cette évaluation.* Celui que nous y avons substitué n'est qu'une suite du précédent. Voir le chapitre 22.

(2) Les terrains propres aux constructions s'évaluent habituellement à tant le mètre carré, et le prix en est ordinairement connu dans toutes les localités, mais on ne trouve pas toujours des personnes qui désirent construire et soient prêtes à acheter. Cet inconvénient se fait surtout sentir lorsque l'étendue du

les experts doivent s'appliquer à faire ressortir tous les faits de nature à augmenter ou à diminuer la valeur des immeubles qu'ils ont à estimer et qui peuvent influer sur leurs appréciations (3).

Vignes.

Les experts estimeront les vignes basses de la manière dont nous l'avons expliqué dans le chapitre précédent.

A l'égard des hautins et treillages, ils procéderont de la même manière, mais ils estimeront de plus les autres récoltes dont le sol est susceptible, en prenant garde que l'ombre des hautins ou treillages leur nuit ordinairement.

Ils prendront aussi en considération les fournitures de tous genres qu'exigent les vignes et les treillages, et se conformeront, pour leur appréciation aux usages des lieux (4).

Prairies, pâturages ou paquis.

Les prairies seront évaluées de la manière dont nous l'avons indiqué dans le chapitre précédent, pour celles qui ne sont pas réservées pour la nourriture des bestiaux du domaine.

A l'égard des pâturages ou paquis, les experts examineront quel est le nombre de bestiaux qu'on peut y faire paquérer chaque année, et combien de temps ils peuvent les nourrir; cela connu, il leur sera facile d'en déterminer le produit en argent et d'en faire l'estimation.

Bois taillis.

Les experts procéderont absolument de la manière dont nous l'avons indiqué dans le chapitre précédent, seulement ils n'auront aucune distraction à faire. (*Voir le chapitre* 13.)

---

terrain est un peu considérable : ainsi, les experts commettraient une erreur grave, s'ils portaient leur estimation au prix courant des terrains propres à bâtir; il doivent prendre cette circonstance en considération dans leurs opérations, mais non pas comme une base de leur avis.

(3) S'il y a des arbres à fruit ou des plantations de mûriers, les experts en évalueront le produit, en ayant égard à l'âge des arbres, à la plus ou moins grande proximité de leur perte, aux frais de remplacement et à la perte de revenu que l'on éprouvera pendant le temps que les nouveaux mettront à croître avant de produire.

(4) Il ne saurait en être de même lorsque les vignes font partie d'un corps de domaine à évaluer, comme nous l'avons dit dans le chapitre précédent, le domaine est réputé fournir ce qui est nécessaire pour les entretenir : cependant, s'il en était autrement, les experts devraient y avoir égard.

Bois de haute futaie.

Nous n'avons rien à ajouter à ce que nous avons dit à ce sujet dans le chapitre précédent. (*Voir le chapitre* 13.)

Maisons et habitations dans les villes et bourgs.

Les experts en feront une description aussi exacte que possible, de la manière dont nous l'avons indiqué pour les maisons de maîtres dans le chapitre précédent ; ils indiqueront la rue dans laquelle elles sont situées, leur position par rapport à la salubrité et à l'agrément; diront si le quartier est fréquenté et à portée du commerce, en détermineront, par les baux antérieurs à la vente, ou par le prix de loyers des maisons et habitations situées dans la même rue et à-peu-près semblables, le prix de location qu'on pouvait en retirer à l'époque de la vente, en ayant néanmoins égard aux variations probables que ce prix pourrait éprouver à l'avenir, soit en augmentation, soit en diminution, d'après les localités et l'état des bâtimens. Les experts en distrairont le montant des réparations annuelles que les bâtimens peuvent exiger, tels que l'entretien ordinaire des toits, des carrelages, fermetures, serrures, etc., autres que les grosses réparations et celles qui sont à la charge des locataires, qui sont appelées locatives; ils donneront à cet égard tous les détails propres à justifier leurs opérations. Ils examineront ensuite quelle peut être la durée probable des bâtimens, d'après leur état; l'époque présumée de leur construction, si elle n'est pas connue, et leur solidité. Ensuite de cette durée, ils en capitaliseront les produits sur le pied du cinq et demi, six, six et demi, sept, sept et demi et même huit pour cent.

Il est connu qu'au bout d'un certain nombre d'années (5), les grosses réparations qu'on a été obligé de faire à une maison équivalent au prix de sa construction, et que cela ne saurait empêcher qu'on ne soit obligé de la reconstruire en entier à une époque plus ou moins éloignée ; il est évident qu'il faut trouver sur le produit annuel l'intérêt du capital et une réserve suffisante pour faire face aux grosses réparations et à la reconstruction à venir, et cette réserve doit être plus ou moins forte, suivant la durée que la maison peut encore avoir, d'autant

(5) 200 ans à Grenoble.

qu'elle perd chaque année de sa valeur, et que plus elle est ancienne, plus cette perte est sensible : c'est pourquoi on ne doit jamais calculer cette valeur au-delà du cinq et demi, six, six et demi, sept, etc. pour cent, suivant la durée qu'elle peut encore avoir.

On demandera sans doute pourquoi nous ne voulons pas qu'on estime les maisons, même neuves, sur le pied du cinq pour cent, sans distraction d'impositions? Quand nous avons admis qu'on devait estimer les biens ruraux au quatre et demi, quatre, trois et demi et même trois pour cent, c'est que les maisons ne présentent pas les mêmes sûretés, les mêmes garanties que les biens ruraux; elles sont plus ou moins sujettes aux incendies et à nombre d'autres accidens, il faut bien que leur produit présente une indemnité quelconque à ce sujet. Au reste, il est facile de vérifier qu'en achetant une maison neuve, qui produit un revenu annuel de cinq et demi pour cent, comparé avec le prix d'acquisition, on ne place réellement son argent qu'à raison du quatre pour cent. La durée des maisons dans Grenoble, lorsqu'elles ont été solidement établies et construites avec de bons matériaux, est d'environ 400 ans, mais, dans cet intervalle, la dépense occasionnée par les grosses réparations qu'on est obligé d'y faire, équivaut à deux fois le prix de la construction; et en effet, il est connu que la plus longue durée des capucines, fougères ou planchers ne saurait excéder quarante à cinquante ans; il en est de même des plafonds, carrelage, tuyaux de cheminées, placards, croisées, volets, portes, fermetures de tous genres (6), encore ont-ils moins de durée; il est donc évident que, dans l'intervalle de 400 ans, tous ces objets auront dû être refaits à-peu-près huit fois, ce qui équivaut bien à deux fois le prix de la construction, surtout si l'on y ajoute la valeur des toits, qui auront dû être refaits en entier au moins deux fois, en les supposant de la meilleure construction possible et parfaitement bien entretenus, celle des grosses poutres qu'on aura été obligé de changer, et des grosses réparations dont les murs auront eu besoin.

Ainsi, en supposant une maison neuve, il faudra prendre une réserve sur son produit, qui, au bout de 400 ans, puisse faire face au double du prix d'achat, plus à la perte de ce prix (7); ainsi, si le prix est de 20,000 fr., il faudra, dans l'inter-

---

(6) Sans y comprendre les persiennes, jalousies, boiseries et tous les objets de luxe.

(7) Il est vrai qu'il restera l'emplacement et les matériaux, mais ces deux

valle de 400 ans, avoir épargné sur son produit une somme de 60,000 fr., ce qui revient aux trois quarts pour cent par an; ainsi, si le produit total n'est que de cinq et demi pour cent, on n'aura plus que quatre et trois quarts de produit, mais là-dessus il faudra prendre les impositions et ce que peuvent coûter les cas fortuits, tels qu'incendie, dégâts occasionnés par les ouragans, le tonnerre, la guerre, etc., ce qu'on peut bien évaluer à trois quarts pour cent par an; ainsi, le produit net ne sera réellement que de quatre pour cent par an.

Si, au lieu d'être neuve, la maison a atteint la moitié de sa durée, la réserve ne semblerait plus devoir être calculée que pour donner deux fois le prix d'achat; mais il est évident que ce n'est pas dans la première période que l'entretien et les réparations coûtent le plus, c'est surtout dans la seconde et à mesure que l'on approche de sa fin, qu'elles sont plus fortes, c'est pourquoi, si la maison a atteint la moitié de sa durée, ce ne sera plus porter la réserve trop loin en l'évaluant à un et demi pour cent par an. Ainsi, le produit de la maison ne devra plus être capitalisé que sur le pied de six pour cent par an. On conçoit qu'à mesure que l'on approchera du terme de la durée, la réserve devra être plus forte, et que l'on ne devra plus établir le capital que sur le pied du six et demi, sept, huit, neuf et même dix pour cent (8).

Il est évident que l'état de la maison, sa bonne ou mauvaise construction, la manière dont elle a été entretenue, devront influer sur ces calculs, et les experts ne devront pas craindre d'entrer dans des détails minutieux à cet égard; ce sera surtout aux entrepreneurs ou gens de l'art qui pourront être consultés, à tout bien examiner et à s'expliquer avec soin à ce sujet.

On conçoit qu'il est facile d'appliquer à toutes les villes et même à toutes les contrées ce que nous venons de dire au sujet des maisons de Grenoble, suivant le plus ou le moins de durée que les bâtimens peuvent y avoir, d'après le climat, leur mode de construction, et les matériaux qu'on y emploie.

Enfin, les experts, avant de porter leur estimation, devront

---

objets auront toujours peine à faire face à la différence du prix de la reconstruction avec celui de l'acquisition.

(8) Il est facile de concevoir que nous n'entendons parler que des constructions ordinaires, et non de celle où l'on a donné une grande épaisseur aux murs, prodigué les pierres de taille, et tout disposé pour la plus grande solidité : c'est aux experts à vérifier et apprécier ces circonstanees, qui font exception aux règles et calculs ordinaires.

s'assurer, 1° si les bâtimens qu'ils ont à estimer ne sont point sujets au reculement, ce qui influe singulièrement sur leur durée, parce que les règlemens de police s'opposent généralement à ce qu'on puisse en réparer les façades; ils évalueront la perte présumée que le reculement peut leur faire éprouver (9), et auront égard à l'indemnité que l'on pourra obtenir à raison du terrain qui sera cédé à la voie publique.

2° S'ils ne sont point grevés de quelque servitude en faveur des bâtimens voisins.

Tout ce que nous venons de dire au sujet des bâtimens existans dans les villes et bourgs, peut s'appliquer, à quelques modifications près qu'indiquent les localités, aux maisons et bâtimens situés dans les villages, le long des grandes routes et même dans les campagnes, lorsqu'elles n'ont de valeur que sous le rapport du prix de location qu'on peut en retirer; cependant, il est des pays où le prix de location n'a aucun rapport avec celui d'achat, les experts doivent prendre sur les lieux des renseignemens à ce sujet et les consigner dans leur rapport.

Maisons et jardins de plaisance.

— J'ai déjà parlé de celles qui sont annexées à un domaine, il ne s'agit ici que de celles qui sont isolées ou qui n'ont qu'un enclos, un jardin, qui ne produisent des fruits tout au plus que pour l'entretien d'un jardinier, ou à concurrence des dépenses et des réparations d'entretien et d'embellissement. —

— Sous ce point de vue, cette espèce d'immeuble ne produit aucun revenu entre les mains du propriétaire. Ainsi, ce ne peut être par leur produit connu qu'on doit les estimer; cependant ils ont un prix, et souvent même très considérable. —

— Je pense donc que les experts doivent en donner la description la plus exacte, de la manière indiquée au chapitre 5, pour les maisons de maîtres.

— Ils doivent d'ailleurs considérer si ces maisons pourraient être louées pour y établir quelques fabriques, manufactures, magasins ou pensions, à l'instar d'autres bâtimens semblables dans les environs, dont les experts prendront connaissance, et des prix des louages sur lesquels ils pourront se fonder pour estimer la maison dont il s'agit.

---

(9) Il peut arriver que, loin de perdre, les bâtimens gagnent par suite de l'élargissement de la voie publique; on pourrait en citer de nombreux exemples à Grenoble.

— S'ils ne peuvent s'assurer du produit par cette voie, il faudra encore recourir à des actes de ventes d'effets semblables pour en estimer le prix par des comparaisons ou du moins en approcher autant que possible et éclairer toutes ces recherches par les explications et les détails les plus lumineux, afin que les juges, sans le secours d'autres procédures, puissent porter eux-mêmes une décision ultérieure (10). —

Moulins, pressoirs à huile et autres usines.

Leur description est des plus essentielles et doit être très-détaillée et très-soignée.

A l'égard des moulins, après les avoir décrits et en avoir constaté l'état, les experts examineront si le cours d'eau qui les fait mouvoir est tel qu'il puisse les mettre en jeu pendant toute l'année; s'il en est autrement, ils constateront combien de temps et à quelle époque de l'année ils seront en chômage. Ils examineront ensuite la quantité de grains que l'on peut y moudre ou gruer, année commune, si la contrée est assez populeuse et assez productive pour qu'ils puissent être continuellement en mouvement, l'effet de la concurrence avec d'autres moulins.

Après en avoir ainsi évalué les produits, ils en estimeront l'entretien annuel en y comprenant le renouvellement des meules, les réparations aux roues, aux engrenages, à toutes les parties de l'édifice, même leur reconstruction, si elle n'est que partielle; les réparations à faire aux canaux et réservoirs qui y amènent les eaux; il leur sera facile de s'assurer de la durée ordinaire des meules et de chacune des pièces de l'artifice, et de faire la répartition de ces sortes de dépenses, et de déterminer à combien elles s'élèvent par année (11).

Le produit net et annuel des moulins étant ainsi reconnu, ils le capitaliseront sur le pied du cinq et demi, six et sept pour cent, parce que la durée totale de ces sortes d'établissemens, quelque solidement construits qu'ils puissent être, et quelles que soient les réparations que l'on y fasse journellement, est bien moindre que celle des maisons et autres bâtimens.

---

(10) Les passages ci-dessus sont extraits du 8e chapitre de M. Grand-Thoranne.

(11) On doit procéder ainsi, parce que ces sortes de réparations sont presque continuelles dans les usines, et qu'on ne doit considérer comme grosses réparations que celles qui exigent la démolition de tout ou au moins d'une très-grande partie de l'artifice.

A l'égard des autres usines, telles que taillanderies, forges, martinets, fonderies, etc. leur estimation exige des connaissances spéciales sur lesquelles il nous est impossible de donner aucun détail ; c'est aux juges ou aux parties à choisir les experts en conséquence.

Nous ferons seulement remarquer qu'ils doivent toujours exactement observer les règles générales que nous avons indiquées (chapitre 4), et que l'étude des observations de M. Grand-Thoranne et de celles que nous croyons devoir y joindre, ne pourra que leur être utile.

Prairies et pâturages dans les montagnes.

Il se trouve dans les montagnes de grands espaces où l'on ne trouve que quelques broussailles et de l'herbe, soit que les bois aient été détruits, soit parce qu'ils ne peuvent plus croître à une aussi grande hauteur.

Les croupes, les pentes et les vallons situés à de grandes hauteurs présentant des surfaces uniformes et sans rochers, se couvrent habituellement d'une pelouse fine qui donne un foin court mais très-serré ; ces prairies peuvent être fauchées, et sont surtout propres aux paquerages des gros bestiaux (12). Il en est, les plus élevées, que l'on ne peut faucher que tous les deux ans.

Pour les estimer, les experts doivent s'assurer si l'on est dans l'habitude de les faucher; alors il les estimeront comme toutes les autres prairies, par la qualité de foin qu'elles peuvent donner ; mais ils auront soin de ne pas perdre de vue les difficultés que présentent le fauchage et le transport dans ces localités situées presque toujours à nombre d'heures de marche de toute habitation, sur des pentes pour l'ordinaire rapides et dangereuses (13), et où l'on ne peut parvenir que par des chemins à peine praticables pour les hommes et les gros bestiaux, tracés le plus souvent le long ou à travers des ravins, souvent sur des rochers et aux bords de précipices affreux (14) où l'on

---

(12) Tels sont la plupart des paquerages si renommés de la Suisse.

(13) Il y a beaucoup d'endroits où l'on ne peut se soutenir et marcher qu'avec des crampons aux pieds, pour peu que le terrain soit en pente, parce que l'herbe qui n'a que quelques pouces de hauteur est tellement serrée qu'elle présente une surface extrêmement glissante.

(14) Aussi les transports ne se font-ils qu'à dos de mulet ou même d'homme, à moins que les localités ne permettent de les faire en tout ou en partie à

est exposé à être emporté par des avalanches de diverses natures, et dans d'autres endroits, à voir le terrain s'ébouler sous les pieds et à être entraîné avec lui.

Si au contraire ces prairies sont destinées aux paquerages des gros bestiaux, les experts auront à s'assurer du nombre qu'elles peuvent en recevoir ou en nourrir pendant les trois ou quatre mois de l'année où le climat leur permet d'y rester. Ils examineront s'ils ne sont point exposés aux bêtes féroces ou à périr dans des précipices, ou par l'impossibilité où l'on est de pouvoir leur donner les soins qui peuvent leur être nécessaires. Ils s'informeront ensuite du prix que l'on est dans l'usage de donner par tête de bétail pour les envoyer à la montagne, prendront des termes moyens tant sur le nombre des bestiaux que sur le prix du paquerage, et établiront ainsi le produit annuel sur lequel ils distrairont les frais de garde et le montant présumé de la responsabilité des bestiaux ; ils capitaliseront ensuite ce produit suivant la valeur vénale de ces sortes de propriétés dans la contrée.

Si ces prairies sont des biens communaux et que l'on ne paye d'autres rétributions que celles nécessaires pour les frais de garde, les experts auront à évaluer ce que coûterait la nourriture des bestiaux pendant le temps qu'ils passent sur la montagne, ils en distrairont la perte des engrais qu'ils auraient pu procurer et la valeur de leur travail, en prenant garde néanmoins si la difficulté de les nourrir pendant le temps du paquerage permettrait de les avoir et de les faire travailler (15).

---

la ramasse, avec de petits traîneaux qu'il faut transporter à bras ou sur le dos des animaux jusque sur les plus grandes hauteurs. Ce moyen, lorsqu'il est possible, est moins coûteux, mais il est excessivement dangereux pour les conducteurs des traîneaux. Le foin est ordinairement si court qu'on est obligé de se servir de filets, de cordes pour l'enlever et le porter ; mais il est aussi d'une qualité supérieure que les bestiaux préfèrent et recherchent.

(15) On demandera sans doute pourquoi on ne conduirait pas des troupeaux de moutons dans ces prairies ? c'est que leurs herbages habituellement gras, conviennent peu aux moutons qui, d'ailleurs, les détruisent, et qu'une bonne administration ne doit jamais souffrir qu'on les y introduise. Et, en effet, ces animaux saisissant l'herbe extrêmement près de terre, en coupent le cœur ou l'arrachent ; marchant à la file sur les pentes, ils coupent la pelouse, tracent des multitudes de sentiers qui forment autant d'ornières où les eaux des pluies coulant rapidement, détrempent la terre et l'entraînent au fond des ravins d'où elles se précipitent en torrent dans les plaines ou les vallons qu'elles abîment, enfouissant souvent les maisons et les récoltes, et emportant tout ce qu'elles rencontrent.

Si les montagnes sont rocailleuses, couvertes de prairies et de broussailles, n'offrant que des herbes rares qui croissent habituellement dans les mauvais terrains, elles ne sont propres qu'à recevoir des moutons qui préfèrent ces sortes de paquerages et les plantes qui y végètent. Les experts s'informeront du terme moyen du nombre des moutons que l'on est dans l'usage d'y conduire chaque année, et s'assureront, si elles forment des propriétés particulières habituellement affermées, du prix de ferme moyen que l'on en retire (16), soit aux moyens des baux à ferme que l'on pourra leur représenter, soit par les renseignemens qu'ils pourront recueillir auprès des habitans ou des propriétaires de troupeaux qui louent d'habitude ces paquerages ; ils auront aussi égard aux engrais que l'on peut ramasser dans les endroits où l'on fait parquer les moutons la nuit. Il est beaucoup de contrées où cet objet forme un produit à part et distinct du prix de ferme des paquerages (17).

Si ces montagnes sont des biens communaux qui ne s'afferment et ne reçoivent que les troupeaux des habitans des communes voisines, les experts auront à s'assurer du terme moyen du nombre de moutons et de chèvres qu'on y conduit annuellement, et rechercher ce que coûterait leur nourriture pendant le temps du paquerage en faisant la distraction des frais de garde, et en ayant égard aux engrais que les habitans peuvent y ramasser.

Marais.

S'ils ne sont propres qu'aux paquerages, les experts les estimeront comme les paquerages des montagnes, en ayant néanmoins égard à leur insalubrité qui fait souvent périr les bestiaux et les gardiens.

Si au contraire ils sont de nature à produire des bauches, ils sont souvent d'une valeur considérable, parce que dans presque toutes les contrées les bauches sont extrêmement recherchées pour les engrais et pour la litière des bestiaux ; les experts éva-

---

(16) Le terme moyen des prix de ferme ne peut s'établir que par la comparaison de plusieurs baux successifs, ou d'après des renseignemens positifs portant sur un grand nombre d'années antérieures ; parce que les prix de ferme sont sujets à varier singulièrement, suivant que les troupeaux prospèrent ou que leur commerce est plus ou moins productif. Une épizootie peut rendre nuls les prix de ferme pendant plusieurs années.

(17) Notamment dans certaines montagnes des départemens de l'Isère, des Hautes-Alpes et de la Drôme.

lueront la quantité de quintaux métriques de bauches que l'on peut en retirer et ils y appliqueront les prix de la contrée en ayant soin de distraire du produit total les frais de fauchage, fanage et transport.

Etangs.

Les experts s'assureront si les terrains qu'ils occupent sont constamment couverts d'eaux, ou si l'on est dans l'usage de les écouler et dessécher par intervalle pour les livrer pendant plus ou moins de temps à la culture; il faudra, dans ce dernier cas, combiner les produits de cette culture avec ceux de la pêche.

Pour s'assurer du produit de la pêche, les experts examineront : 1° la nature des eaux qui alimentent les étangs, les espèces de poissons qu'elles sont propres à nourrir ; 2° les époques des pêches ; 3° la quantité de poissons, espèce par espèce, qui peut résulter de chacune d'elle, et le prix moyen qu ils peuvent avoir sur la place.

Sur le produit total ils distrairont : 1° les frais d'entretien des chaussées qui soutiennent les eaux, des vannes servant à les écouler, des déversoirs destinés à empêcher que les propriétés riveraines ne soient inondées dans les crues extraordinaires des canaux qui y amènent les eaux; 2° ceux de la pêche ; 3° ceux de repeuplement, si les étangs ne peuvent pas se repeupler d'eux-mêmes au moyen du fretin que l'on y laisse.

Si la pêche ne peut avoir lieu qu'au bout d'un certain nombre d'années, les experts en répartiront le produit sur chaque année en ayant égard à l'intérêt du produit annuel ou raison du temps qu'il faudra l'attendre(18).

Lacs.

Les lacs ne pouvant être écoulés et n'étant pas susceptibles d'être pêchés régulièrement comme les étangs, les experts auront à prendre des renseignemens aussi exacts que possible, sur le produit annuel que l'on peut en retirer, en y pêchant par les moyens ordinaires (19).

---

(18) Il y aura aussi à distraire, dans certains cas, les frais de garde des étangs.

(19) On conçoit que l'estimation des lacs et des étangs exige des connaissances spéciales et locales sur lesquelles nous ne pouvons donner aucun renseignement.

CHAPITRE VII.

Estimation des restitutions des fruits (1).

L'estimation des fruits se fera de la manière que nous avons indiquée pour l'évaluation du produit, dans les chapitres 5 et 6, seulement elle aura lieu année par année, pour toute la durée de la restitution, en suivant les mercuriales de chaque année (2). L'on en distraira les impositions et le montant de l'entretien annuel et ordinaire, comme étant une charge des fruits qu'a dû acquitter celui qui a joui (3).

Si celui qui doit la restitution de fruits justifie des récoltes qu'il a perçues, les experts y auront égard dans leurs appréciations, seulement ils examineront avec soin, 1° si on leur déclare bien tout, 2° si le débiteur a perçu tout ce qu'un administrateur ordinaire aurait pu recueillir. Car, il est de principe, en matière de restitution de fruits, qu'on doit évaluer non seulement tout ce qui a été perçu, mais encore tout ce qu'on aurait dû percevoir, la mauvaise administration de celui qui a joui ne devant jamais nuire à celui à qui la chose appartenait.

Les experts ne prendront pour base de leur estimation les baux à ferme qui ont pu avoir lieu pendant la durée de l'indue jouissance, qu'autant que celui à qui la restitution est due y consentira ; mais si c'est ce dernier qui demande que l'estimation ait lieu par les baux, et que son adversaire s'y oppose, les experts doivent renvoyer les parties devant les tribunaux, pour faire juger la question ; cependant, nous croyons que les experts pourraient sans inconvénient faire deux opérations, l'une par les baux à ferme ; et l'autre en évaluant les produits ;

---

(1) Le 7e chapitre de M. Grand-Thoranne est intitulé : *Observations sur d'autres rapports. Liquidation des fruits ; améliorations et détériorations.* Voir le chapitre 8, ci-après.

(2) En prenant un terme moyen sur le cours de toute l'année.

(3) A l'égard des bois taillis et des bois de futaie, on ne portera en ligne de compte, pour la restitution de fruits, que les coupes qui auront eu lieu en suivant les époques où elles auront été faites.

par-là ils éviteront les frais d'un incident aux parties, et mettront les juges à même d'apprécier la différence du résultat de chaque opération, sans avoir besoin de recourir à des calculs ou à de nouvelles appréciations; mais si l'une des deux parties, prévoyant ce qu'ils peuvent faire, s'y oppose d'avance, les experts doivent attendre que les magistrats aient levé la difficulté.

CHAPITRE

CHAPITRE VIII.

Des améliorations et des détériorations (1).

Lorsque les experts procèdent en suite d'un jugement qui a ordonné un rapport sur une demande en rescision de vente, pour cause de lésion, ils doivent examiner les améliorations faites par l'acquéreur, à l'effet de ne point faire figurer dans leur estimation l'augmentation de valeur qu'elles peuvent donner aux immeubles, et si elles sont de nature à augmenter les produits, ils doivent s'assurer de cette augmentation et de sa quotité, afin de ne porter en ligne de compte que le produit réel des immeubles à l'époque de la vente. Dans l'un et l'autre cas, ils doivent faire mention de ces circonstances dans leur rapport, afin qu'on ne se fasse pas une arme de leur silence, ce qui pourrait embarrasser les juges, faute de renseignemens suffisans sur cet objet. Au reste, les experts doivent se contenter de donner les détails nécessaires pour faire connaître que les améliorations n'ont, en aucune manière, influé sur leur estimation, sans se livrer à aucune évaluation particulière à cet égard, parce que cela n'entre pas encore dans leur mandat et ne peut être que de spéculation à venir.

Il en est de même des détériorations commises par l'acquéreur pendant sa jouissance; les experts ne doivent les examiner que pour s'assurer d'une manière exacte de la véritable valeur des immeubles à l'époque de la vente; ils en feront mention pour que le demandeur en rescision ne puisse pas soutenir qu'ils ont fait une omission à son préjudice.

Lorsqu'un plaideur est condamné à vider un immeuble, il doit tenir compte des détériorations qu'il y a commises, comme aussi on doit lui faire raison des améliorations qu'il y a faites. Le jugement qui prononce l'éviction, ordonne ordinairement que les améliorations seront compensées à due con-

(1) Le 8e et dernier chapitre de M. Grand-Thoranne est intitulé : *Chapitre concernant l'estimation d'autres immeubles que ceux énoncés dans le cinquième chapitre*, c'est-à-dire des terres seigneuriales, des fiefs, arrière-fiefs et domaines nobles et allodiaux, etc.

currence avec les détériorations, suivant l'estimation qui en sera faite par experts, et cette évaluation est presque toujours un accessoire de celle des fruits restituables.

Les experts doivent distinguer trois espèces d'améliorations, celles qui résultent des réparations nécessaires, celles provenant de travaux utiles, et celles qui n'ont eu pour objet que l'agrément ou le luxe.

On appelle réparations nécessaires celles sans lesquelles la chose aurait péri. Telles sont les constructions ou réparations de digues contre les torrens ou les rivières, qui, sans elles, auraient emporté ou détruit la propriété; les grosses réparations aux bàtimens, etc.

Les dépenses faites pour ces sortes d'améliorations ou de réparations, doivent être remboursées en entier à la partie évincée, parce que le véritable propriétaire aurait été forcé de les faire lui-même, et qu'il ne lui est pas permis de s'enrichir aux dépens d'autrui (2).

Les experts s'attacheront donc à reconnaître au juste ce qu'elles peuvent avoir coûté; ils procéderont à ce sujet comme nous l'indiquerons ci-après; ils pourront aussi s'aider des devis de travaux qui ont pu être dressés, des adjudications qui auront eu lieu, et des mémoires des ouvriers, en ne considérant néanmoins ces diverses pièces que comme des renseignemens, et en en vérifiant autant que possible la sincérité et l'authenticité.

Les réparations utiles sont celles qui, sans être nécessaires pour la conservation de la chose, en augmentent cependant la valeur ou le produit. Tels sont les canaux d'écoulement ou de desséchement, les murs de clôture, les constructions de bâtimens ruraux, les plantations d'arbres, etc.; comme le véritable propriétaire aurait pu se dispenser de faire ces travaux, ou du moins aurait pu les faire moins considérables ou avec plus d'économie, ils ne doivent être estimés qu'en raison de la plus-value réelle qu'ils donnent aux immeubles; c'est, en conséquence, cette plus-value que les experts doivent rechercher avec soin.

Si des terres, auparavant marécageuses, ont été desséchées, les experts compareront leur produit actuel avec celui anté-

(2) Remboursant tous les frais, l'évincé aura droit à l'intérêt des sommes par lui avancées pour conserver la chose. Les experts pourront en faire le calcul, sauf aux juges à statuer à cet égard s'il y a contestation. (Voir ci-après.)

rieur, et détermineront ainsi la différence de valeur au profit de l'évincé.

Si des canaux d'irrigation ont été établis, des fontaines amenées, les experts évalueront l'excédant de produit résultant du fait de l'arrosage.

Si des bâtimens ruraux ont été construits, ils évalueront de combien le prix de ferme ou de mi-croît peut être augmenté à raison de ce.

Enfin, ils procéderont de la même manière pour toutes les autres réparations ou améliorations de même nature.

Dans tous les cas, les experts auront soin que leurs évaluations n'excèdent jamais les dépenses réelles qu'a pu faire l'évincé, car il arrive souvent, surtout en fait d'agriculture, qu'avec peu de dépenses on obtient de grands résultats, alors ce serait l'évincé qui s'enrichirait aux dépens du vrai propriétaire. Celui-ci ne peut-être tenu de payer plus qu'il n'aurait dépensé lui-même, et l'extrême de ce que peut exiger l'évincé, c'est d'être renvoyé indemne.

On estimera toujours les fruits restituables, tels qu'ils auront été chaque année, comme si les améliorations étaient le fait du propriétaire et non de l'évincé, parce que, d'une part, on doit admettre que le propriétaire aurait fait lui-même tout ce qui a pu augmenter les produits ou la valeur de l'immeuble, et que, d'une autre part, l'évincé n'a pu se créer, sur des immeubles qui ne lui appartenaient pas, qu'une simple créance, qui ne saurait jamais s'élever au-delà de ses déboursés ni lui donner aucun droit sur les fruits; et tout ce à quoi il peut prétendre, lorsque les réparations ou améliorations par lui faites ont conservé la chose ou augmenté les produits, c'est aux intérêts des sommes qu'il a avancées, ou que les experts jugent devoir lui être remboursées.

A l'égard des réparations de luxe ou de pur agrément, il faut qu'il soit bien évident qu'elles ont augmenté la valeur de l'immeuble, pour être passées à l'évincé. Dans tous les cas, elles ne sauraient jamais être évaluées au-delà de la plus-value qu'elles donnent aux immeubles, et comme le véritable propriétaire peut être, suivant les circonstances, fondé à en contester le remboursement, les experts doivent soigneusement désigner ces sortes de réparations, distinguer celles qui peuvent influer sur la valeur de l'immeuble en évaluant cette influence, de celles qui ne sauraient produire d'effets semblables, afin de mettre les juges à même d'apprécier ce qui doit être alloué à l'évincé, car c'est à eux seuls à décider à quoi le propriétaire peut être tenu pour cet objet.

Cette matière, pour être traitée complétement, exigerait beaucoup de détails dans lesquels les bornes de cet ouvrage ne nous permettent pas d'entrer; nous dirons seulement que l'on doit considérer comme réparations de luxe ou de pur agrément tout ce qui tient simplement à la décoration des bâtimens, sans aucune utilité réelle pour leur conservation ou leur entretien. Tels sont l'établissement des corniches, les peintures des murs, soit à l'extérieur soit à l'intérieur, les tapisseries des appartemens, etc. On peut considérer sous le même rapport, les jets d'eaux, les fontaines décorées, les belvédères, les pavillons de tous genres, les cabinets de bains, les plantations de jardins anglais, d'avenues, d'allées, de promenades, de bois perdus, etc.; il peut même arriver que ces derniers établissemens nuisent aux produits par l'étendue de terrain qu'ils enlèvent à l'agriculture. On ne saurait faire supporter au propriétaire des dépenses que vraisemblablement il n'aurait pas faites et qui ne peuvent lui être d'aucun profit; cependant, on doit examiner avec soin les localités, car, dans les endroits rapprochés des villes, et où les bâtimens, jardins et lieux de plaisance sont susceptibles d'être loués, il serait possible que ces sortes de réparations eussent augmenté les produits et la valeur; on sent que, dans ces espèces de choses, tout est relatif, et qu'elles exigent la plus grande attention de la part des experts; ils doivent bien moins s'attacher à porter des estimations qu'à mettre les juges à portée d'apprécier les faits eux-mêmes, et en effet, c'est à eux à qui il appartient, et non pas aux experts, de trancher de semblables difficultés, mais il est essentiel de les éclairer, et c'est la fonction importante des experts.

L'appréciation des détériorations ne présente pas moins de difficultés; elles peuvent provenir de plusieurs causes que les experts doivent s'attacher à démêler et à faire connaître.

Nous distinguerons celles résultant de la négligence de l'évincé, de celles produites par son fait même.

On peut avoir négligé l'entretien ordinaire des toits des bâtimens, et les gouttières peuvent en avoir détérioré les plafonds, les planchers et les charpentes; les experts auront à apprécier les effets de cette négligence et à les distinguer de ceux ordinaires de la vétusté et de l'usure.

Le défaut d'entretien des digues et chaussées peut avoir occasioné des inondations ou des irruptions, qui ont pu remplacer les terres et prairies par des sables ou des graviers arides. Les experts auront à faire la part de la violence des eaux et des circonstances; ils ne sauraient trop prendre de renseignemens à cet égard, et pour s'assurer de l'état des digues et chaussées avant l'événement, et pour savoir si, en les supposant dans un état d'entretien parfait, elles auraient pu résister, car tout cela peut et doit nécessairement influer sur leurs évaluations, et il convient qu'ils en rendent compte.

Les vignes basses peuvent être délabrées, il peut y manquer beaucoup de souches; les experts auront à vérifier si ce n'est point quelques gelées récentes ou quelque événement résultant de forces majeures, qui ont fait périr les souches, ou si les vignes ne sont en cet état que faute d'avoir été suffisamment cultivées et provignées (3).

Dans les hautins ou treillages, il peut manquer beaucoup d'arbres et de souches; les experts vérifieront si cela provient de leur ancienneté ou de quelque accident, et surtout s'ils ont été exactement remplacés.

Les treillages peuvent être en mauvais état, parce qu'on n'y a pas employé les bois nécessaires à leur entretien, c'est un examen attentif que les experts ont à faire.

Les vignes basses ou les treillages peuvent être épuisés, parce qu'on les aura surchargés pendant plusieurs années, pour avoir de plus fortes récoltes; ce fait est grave, parce qu'il peut entraîner la perte des vignes, et qu'il ne peut, dans tous les cas, être réparé que par des soins consécutifs pendant plusieurs années, et des sacrifices sur les récoltes à venir : il mérite, en conséquence, toute l'attention des experts; ils pourront s'en assurer par l'examen des poussées des vignes et treillages, la comparaison qu'ils pourront en faire avec d'autres voisines, en bon état et situées dans la même exposition et la même nature de terrain, enfin, par les renseignemens qu'ils prendront auprès des vignerons du pays.

Les terres peuvent être appauvries faute de culture et d'engrais; ce fait est encore grave, parce qu'on ne peut le réparer qu'à la longue et par des sacrifices répétés plusieurs années de suite; les experts doivent donc s'en assurer autant qu'il leur est possible, et consigner avec soin tous les renseignemens qu'ils peuvent recueillir (4).

---

(3) Dans les pays de vignes, on connaît généralement la quantité de provins qu'il faut par are ou hectare, chaque année, pour les entretenir.

(4) Nous ne dissimulerons pas que les appréciations des experts sont extrêmement difficiles dans les divers cas que nous venons d'énumérer, et qu'il est impossible d'échapper entièrement à l'arbitraire; c'est pourquoi ils doivent apporter le plus grand soin à justifier et motiver les opinions qu'ils émettent.

Ce que nous venons de dire au sujet des bâtimens, vignes et terres, suffit pour guider les experts au sujet de l'appréciation des dégradations que peuvent avoir éprouvées les autres immeubles, par la négligence du propriétaire ou du cultivateur.

Au reste, les experts doivent toujours se reporter au moment où l'évincé est entré en possession, et s'assurer de l'état des immeubles à cette époque, parce qu'il ne saurait, dans aucun cas, être tenu de les rendre en meilleur état.

A l'égard des dégradations résultant du fait même de l'évincé, elles sont plus faciles à reconnaître et à constater.

Ces dégradations consistent ordinairement en des destructions de bâtimens, de travaux d'art, des enlèvemens de matériaux, des abattis d'arbres, etc., tous faits sur lesquels les experts pourront aisément se procurer des renseignemens assez positifs, et il leur sera facile d'en reconnaître l'étendue et d'y porter une estimation conforme à la justice, c'est pourquoi nous n'entrerons pas dans d'autres détails à ce sujet.

Tout ce que nous avons dit au sujet de l'évaluation des détériorations commises par le propriétaire, s'applique naturellement à l'estimation de celles que peuvent commettre les fermiers, les usufruitiers, les usagers, et tous autres tiers possesseurs.

CHAPITRE IX.

Des estimations pour les ventes par autorité de justice, et les licitations.

Les ventes d'immeubles qui ont lieu par autorité de justice, celles de ceux des mineurs, les licitations par suite de partage, doivent être précédées d'un rapport d'experts estimatif. (Cod. pr. 955) (1).

Les experts commis pour ces sortes d'estimations doivent d'abord examiner s'il convient à l'intérêt des parties, ou, pour s'exprimer en termes vulgaires, à celui de la vente, que celles-ci aient lieu en parties détachées ou en masse ; ils doivent émettre un avis motivé à ce sujet. Les magistrats sont dans l'usage de le leur prescrire, mais si le jugement portant leur commission est muet à cet égard, il ne faut pas moins qu'ils le fassent, parce que c'est un point sur lequel les juges, qui ne sauraient connaître les localités, ont toujours besoin d'être éclairés, sauf à eux à statuer ensuite ce qu'ils jugent convenable, s'il s'élève des contestations entre les parties.

Si les experts jugent que la vente doit avoir lieu en parties détachées, ils détermineront combien de parts ou de lots ils doivent faire des immeubles ; ils les décriront et ils porteront à chacun d'eux une estimation particulière, en disposant néanmoins leur travail de manière que toutes les estimations partielles puissent être réunies, et en présenteront le résultat total, pour que l'on puisse, suivant les circonstances, procéder à la vente en masse ou en détail.

Si les experts reconnaissent que certains immeubles ne peuvent être divisés sans perdre à la vente de leur valeur, ils s'ex-

(1) L'art. 953 du Cod. de proc. dit : « Si les immeubles n'appartiennent qu'à » des majeurs, ils seront vendus, s'il y a lieu, de la manière dont les majeurs » conviendront. »

Ainsi, lorsque les immeubles n'appartiennent qu'à des majeurs, ce n'est qu'autant que ceux-ci ne s'accordent pas sur la manière de les vendre, que la vente ou la licitation doit avoir lieu dans la forme des ventes par autorité de justice. (Cod. pr. 953 à 956.)

pliqueront à ce sujet et en feront l'estimation en masse, en s'expliquant néanmoins avec soin sur les différentes natures de cultures et de produits dont ils sont susceptibles, et en donnant à cet égard tous les détails convenables.

Si, parmi ces derniers immeubles, il en est qui forment un corps d'exploitation, ils procéderont de la manière dont nous l'avons indiqué au chapitre 5.

Quant aux immeubles détachés ou divisés, ils se conformeront à ce que nous avons dit au chapitre 6.

Dans tous les cas, ils feront connaître exactement les bases de leurs estimations, soit en masse, soit en détail.

Nous terminerons ce que nous avons dit sur cette matière par une observation essentielle.

Si les experts portent leur estimation à la vraie valeur des immeubles, la vente ne pourra que difficilement avoir lieu, parce qu'il faudra trouver des acquéreurs disposés à porter dès le début, les enchères au delà de la véritable valeur des immeubles, ce que l'on ne saurait raisonnablement espérer, d'autant plus que les frais des ventes sont toujours à la charge des adjudicataires. Il est donc à propos que, dans ces sortes de cas, les experts tiennent leurs estimations un peu au dessous de la véritable valeur, pour faciliter les enchères et éviter que l'on ne soit obligé de demander la permission de vendre au dessous de l'estimation, ce qui occasionne aux parties des frais frustratoires et en pure perte. Tout en agissant ainsi, les experts doivent cependant avoir soin de ne pas porter les évaluations trop bas, car cela pourrait avoir un autre inconvénient non moins grave; les spéculateurs sur les immeubles pourraient s'emparer de cette circonstance pour se rendre, au moyen des manœuvres qui leur sont familières, maîtres des enchères, et se faire adjuger les immeubles à vil prix.

Lorsque les immeubles seront estimés à un taux raisonnable par des experts connus par leur probité et leurs connaissances en fait de valeurs immobilières, les bandes noires dédaigneront de spéculer sur des immeubles qui ne sauraient leur rester à vil prix et leur offrir sur la revente les bénéfices qu'elles recherchent. Les particuliers, au contraire, se présenteront avec confiance et ne craindront pas de couvrir les estimations; ne cherchant qu'à placer leur argent, ils ne répugnent jamais à payer les immeubles à leur juste valeur.

CHAPITRE X.

Procédure pour les partages.

§ 1er. Estimation des immeubles.

Au nombre des formalités prescrites pour les partages judiciaires par le Code civil, au titre *des Successions*, chap. VI, il en est une qui doit précéder toute division ou formation de lots, c'est l'estimation des immeubles dépendant de la succession ; l'art. 824 s'exprime ainsi à ce sujet :

« L'estimation des immeubles est faite par experts choisis » par les parties intéressées, ou à leur refus, nommés d'office.

» Le procès-verbal des experts doit présenter les bases de l'es» timation ; il doit indiquer si l'objet estimé peut être commo» dément partagé ; de quelle manière ; fixer enfin, en cas de » division, chacune des parts qu'on peut en former et leur va» leur. »

Le premier examen qu'ont à faire les experts avant toute autre opération, est de s'assurer si les immeubles peuvent être commodément divisés ou non, parce que, ainsi que nous l'expliquerons par la suite, cela doit nécessairement influer sur l'estimation qu'ils ont à porter.

D'après le texte de l'art. 824 du Code civil, on pourrait tirer la conséquence que les experts ne doivent considérer que les immeubles en eux-mêmes, sans égard au nombre de parts qu'il faut faire de la succession, d'après le nombre des cohéritiers et leurs droits respectifs. Cependant les tribunaux sont dans l'usage d'ordonner que les experts s'expliqueront sur le point de savoir si les immeubles sont de commode division, *eu égard au nombre des cohéritiers ;* nous pensons que cette décision est extrêmement sage et qu'il est de la prudence des magistrats de l'insérer dans tous les jugemens qu'ils rendent dans ces matières, et que, de plus, il convient que les experts y suppléent quand elle ne s'y trouve pas ; et, en effet, s'ils ne le faisaient pas, il pourrait arriver que leur rapport fût complétement inutile et en pure perte pour les parties. Supposons qu'une succession doive se diviser entre six cohéritiers, les experts reconnaissent que les immeubles peuvent se diviser commodément et sans perte pour les cohéritiers, en quatre parts, et que, partant de là, ils fassent leurs opérations en conséquence, il en résultera que leur rapport ne pourra nullement servir au partage, puisqu'au lieu de quatre parts il faudrait pouvoir en faire six. Le tribunal pourra, dit-on, ordonner la licitation, mais alors les estimations des experts faites pour le partage ne peuvent convenir pour la licitation ; car, comme nous l'avons vu, les estimations pour les ventes et licitations doivent être dans une certaine proportion au-dessous de la vraie valeur, tandis que pour les partages on doit toujours rechercher la valeur réelle et la porter exactement, ainsi que nous allons l'expliquer ci-après.

Si les experts reconnaissent que, soit par leur nature et leur position, soit par suite du nombre des cohéritiers et de la différence de leurs droits, les immeubles ne sont pas de commode division et qu'il convient de les liciter, ils doivent s'expliquer avec soin à ce sujet et bien motiver leur opinion, afin que les juges et les parties elles-mêmes puissent facilement l'apprécier. Cela fait, ils procéderont à l'estimation, comme nous l'avons dit, pour les licitations et ventes par autorité de justice, dans le chapitre précédent.

Ils devront mettre d'autant plus d'attention à ces deux opérations, que la loi s'en rapporte en quelque sorte à eux sur le fait de savoir si les immeubles sont ou non partageables.

Si, au contraire, les experts reconnaissent que les immeubles peuvent aisément se diviser en autant de parts qu'il est nécessaire pour que l'on puisse ensuite aisément composer autant de lots qu'il le faut pour effectuer le partage, ils rechercheront avec soin la véritable valeur des immeubles et la porteront exactement. Quelques personnes prétendent qu'il suffit pour les partager que les estimations soient proportionnelles entre elles, et que peu importe qu'elles soient en dessus ou en dessous de la vraie valeur, parce que chaque cohéritier n'en recevra pas moins intégralement sa part.

Ce système serait vrai, s'il était toujours possible de composer avec des immeubles des lots parfaitement égaux entre eux, mais cela n'arrive presque jamais, et alors, à moins que les immeubles n'aient été exactement évalués à leur juste et vraie valeur, il n'y a pas moyen d'établir l'égalité qui doit toujours régner entre les cohéritiers.

Admettons qu'une succession doive se diviser entre quatre cohéritiers, les experts reconnaissent que l'on peut faire qua-

tre parts des immeubles, dont la première est estimée	5000 f.
La seconde	7000
La troisième	8000
La quatrième	4000
TOTAL	24,000 f.

La masse totale étant de vingt-quatre mille francs, la part de chaque cohéritier (dont nous supposons les droits égaux) sera de six mille francs; pour attribuer à chacun cette somme, celui qui sera chargé de former les lots procédera évidemment de cette manière : il composera le premier lot des immeubles valant cinq mille francs; le second, de ceux estimés sept mille francs; le troisième, de ceux évalués huit mille francs; et le quatrième, de ceux qui ne valent que quatre mille francs; il déclarera que le deuxième payera une soulte de mille francs au premier, et le troisième une de deux mille francs au quatrième; de cette manière une égalité apparente paraîtra exister entre les cohéritiers, puisqu'ils seront tous censés avoir reçu six mille francs : mais si les immeubles valent plus ou moins de vingt-quatre mille francs, cette égalité n'existera nullement; et, en effet, si les immeubles, au lieu de vingt-quatre mille francs, montant de l'estimation, en valent quarante-huit mille, la part de chaque cohéritier sera de douze mille francs; cependant le premier lot n'aura que dix mille fr. en immeubles et mille francs de soulte, en tout onze mille fr., il lui manquera donc mille francs; le deuxième lot, au contraire, aura des immeubles pour quatorze mille francs, et ne payant qu'une soulte de mille francs, il lui restera mille francs de plus qu'il ne doit avoir; le troisième lot vaudra seize mille francs; n'en remboursant que deux mille, il aura deux mille fr. de trop qui manqueront au quatrième, qui n'aura que huit mille francs en immeubles et deux mille francs de soulte, et tout cela parce qu'il aura plu aux experts de réduire proportionnellement l'estimation des immeubles de moitié en dessous de leur vraie valeur.

On conçoit que l'inégalité que nous venons de signaler serait inverse, si on estimait les immeubles au-dessus de leur vraie valeur.

Cette inégalité serait encore plus choquante, si l'on comblait la différence des lots avec des valeurs mobilières de la succession.

Il est donc de la plus haute importance que les experts ne

donnent d'autre estimation aux immeubles que celle de leur vraie valeur, qu'ils doivent rechercher par tous les moyens possibles, et il convient qu'il fassent connaître les faits et les circonstances qui ont déterminé leur opinion (1).

Tant qu'une succession est indivise, les accroissemens ou augmentations de valeur qu'elle peut éprouver, soit en général, soit par rapport seulement à quelques-uns des objets qui la composent, profitent à tous les cohéritiers, parce qu'ils ont chacun droit à tout ce qu'elle comprend, et pour la même raison, ils doivent tous également supporter les pertes ou dépréciations qu'elle peut éprouver; ainsi les experts doivent estimer les immeubles suivant la valeur réelle qu'ils peuvent avoir au moment où ils opèrent, sans égard à celles qu'ils ont pu avoir antérieurement; à cette occasion, nous ferons observer que si les experts reconnaissent d'une manière évidente et positive que certains des immeubles sont susceptibles d'obtenir par la suite et dans peu de temps une augmentation de valeur qui provienne naturellement et de la force des choses, indépendamment de l'industrie ou des soins du propriétaire; ils devront y avoir égard dans leurs estimations, et en faire mention dans les détails de leur rapport comme d'une chose acquise à tous les cohéritiers (2). De même s'ils reconnaissent que certains des immeubles sont exposés à des périls évidens et inévitables, ils devront les estimer en conséquence (3).

---

(1) C'est pour éviter les recherches de l'administration de l'enregistrement qu'on fait ces estimations proportionnelles, et beaucoup au dessous de leur valeur, ce qui produit les injustices ci-dessus prévues et une foule de procès; ainsi il faut insister pour que l'on fasse les estimations à leur juste valeur, quoique cela coûte quelque chose de plus pour les droits de mutation.

(2) Il n'en était pas de même sous l'ancien droit, à l'égard des évaluations faites pour déterminer le montant des légitimes, elles devaient toujours avoir lieu suivant la valeur des biens à l'époque de l'ouverture de la succession, parce que les légitimaires n'étaient point réputés héritiers; ce titre, les droits, les charges et les conséquences qui en étaient la suite, reposant en entier sur la tête de l'institué, ils avaient simplement des droits *sur* et non *à*; la succession dont le quantum était déterminé par la consistance des biens, à l'époque du décès du testateur, c'était en quelque sorte une créance privilégiée à eux accordée par la loi, et qu'ils pouvaient, suivant les circonstances, se faire payer en bien de l'hoirie.

(3) Des immeubles sont d'un accès difficile et, par suite, d'une exploitation coûteuse, faute de chemins commodes pour y parvenir. Au moment où les experts opèrent, une grande route est en construction, dans peu l'accès des immeubles sera facile, leur exploitation peu onéreuse; il est évident que si on les estime sans égard à l'établissement de la nouvelle route, celui dans le lot du-

Si parmi les immeubles à estimer il se trouve un ou plusieurs corps de domaine pouvant faire des parts distinctes à eux seuls ou au moyen de leur réunion entre eux ou avec d'autres immeubles, les experts procéderont à leur estimation de la manière dont nous l'avons expliqué dans le chapitre 5. Quant aux immeubles détachés, ils les évalueront conformément à ce que nous avons dit dans le chapitre 6 (4).

Lorsque les experts procéderont ensuite d'une demande en rescision de partage pour cause de lésion, ils estimeront les immeubles suivant la valeur qu'ils avaient à l'époque du partage. (Art. 890 Cod. civ.) (5).

---

quel ils tomberont sera beaucoup mieux partagé que les autres cohéritiers, ce que les lois et l'équité ne veulent pas.

(4) Si des immeubles sont situés près d'un torrent ou d'une rivière, qu'il soit évident qu'ils seront au bout de quelques mois ou même de quelques années, envahis ou submergés, et que les experts n'y prennent pas garde, celui dans le lot duquel ils se trouveront sera évidemment lésé.

(5) Il est un cas qui se présente fort souvent, où les experts ont nécessairement deux opérations différentes à faire, par rapport à l'évaluation des produits; c'est lorsque l'un des cohéritiers a joui seul de la succession, composée seulement d'un corps de domaine qui doit être partagé en plusieurs lots, et où les experts qui doivent faire les estimations nécessaires pour parvenir au partage, sont, en même temps, chargés d'estimer la restitution de fruits qui peut être due.

Pour que l'on puisse parvenir au partage, il faut absolument que les experts estiment ce domaine article par article, ou du moins qu'ils portent une évaluation particulière à chacune des parts qu'ils jugeront que l'on en peut faire; ils procéderont, en conséquence de la manière indiquée dans le chapitre 6 ci-devant. Mais pourront-ils se baser sur cette évaluation pour déterminer le montant de la restitution de fruits due par celui des cohéritiers qui a administré la succession et en a joui jusqu'au moment du partage? Non sans doute, car alors on l'obligerait à compter des fruits qu'il n'a ni perçus ni pu percevoir; et en effet, les bâtimens et les prairies nécessaires à l'exploitation ne lui ont rendu qu'un produit relatif et non effectif : c'est pourquoi les experts, après avoir fait les opérations nécessaires pour que l'on puisse faire le partage, procéderont, pour déterminer le montant de la restitution de fruits, à l'évaluation des produits en corps de domaine, de la manière indiquée dans le chapitre 5, en ayant néanmoins égard à ce que nous avons dit dans le chapitre 7, de sorte que chaque cohéritier retire sa part des fruits comme s'ils eussent été partagés année par année, à la suite d'une exploitation commune, et sauf les frais de culture dont il doit, dans tous les cas, être tenu compte au comptable, ainsi que des réparations et améliorations, compensation faite avec les détériorations (Voir le chapitre 8).

Nous ferons cependant à ce sujet une observation qui nous paraît importante. Si celui qui a joui de la succession a cultivé lui-même et habité les bâtimens en

Dans ce cas les experts doivent plus que jamais rechercher la vraie valeur des immeubles et prendre les plus grands soins pour écarter toute idée d'arbitraire ou de partialité de leur part, ici comme dans les demandes en rescision de vente pour cause de lésion, le sort du procès est en quelque sorte dans leurs mains; et ils ne sauraient trop bien démontrer qu'aucune espèce d'arbitraire, de partialité ou de négligence n'a influé sur leurs opérations.

Ils estimeront les immeubles de manière que l'on puisse aisément reconnaître s'il y a ou non lésion, en comparant la valeur du lot du demandeur avec celle de la masse partageable, tant mobilière qu'immobilière.

Mais, soit que les experts procèdent à l'estimation qui doit précéder un partage judiciaire, soit qu'ils opèrent ensuite d'une demande en rescision de partage, pour cause de lésion, ils ne doivent jamais s'occuper des dettes ou rentes hypothécaires dont les immeubles peuvent être grevés; cette circonstance ne saurait influer en aucune manière sur leur estimation. (Voir l'art. 872, Cod. civ.)

§ 2. De la formation des lots.

Lorsqu'après les diverses opérations ou formalités préliminaires prescrites pour les partages, un expert est appelé pour former les lots, il doit éviter autant que possible de morceler les héritages et de diviser les exploitations. Il convient qu'il fasse entrer dans chaque lot, s'il se peut, la même quantité de meubles, d'immeubles, de droits et de créances de même nature et valeur. (Art. 832, Cod. civ.)

L'inégalité des lots en nature se compense par un retour, soit en rentes, soit en argent. L'expert doit, en conséquence, déterminer, lorsque l'inégalité des lots ne pourra être effacée par des valeurs de la succession, les soultes qu'ils se devront

---

dépendans, il a épargné un prix de location et fait ainsi un bénéfice dont il doit compte à ses autres cohéritiers, puisqu'il provient de la chose commune, et qu'ils n'ont pas eu le même avantage; les experts doivent nécessairement estimer ce bénéfice et le porter en ligne de compte dans la restitution de fruits. On conçoit qu'il ne peut en être de même si les immeubles et les bâtimens en dépendans ont été affermés. L'épargne du prix de location est censée avoir fait considération dans le prix de ferme ou de mi-croît donné par le fermier, et y être compris, sauf la vérification que doivent toujours faire les experts, pour s'assurer si les immeubles n'ont pas été affermés à vil prix, ce dont les autres cohéritiers ne sauraient souffrir.

entre eux, indiquer, outre leurs quotités, ceux qui les devront et ceux à qui elles seront dues, en désignant pour chaque lot celui dont il sera débiteur ou créancier.

Les rapports pour la formation des lots sont couchés dans le procès-verbal dressé par le notaire commis pour les opérations du partage. (Art. 828, Cod. civ.) Voir le chap. 20.

Il est un cas où les experts, nommés pour faire l'estimation des immeubles, et dont le rapport doit être déposé au greffe, procèdent en même temps à la formation des lots, c'est celui prévu par l'art. 975 du Code de procédure, ainsi conçu : « Si » la demande en partage n'a pour objet que la division d'un ou » de plusieurs immeubles, sur lesquels les droits des intéressés » soient déjà liquides, les experts, en procédant à l'estimation, » composeront les lots ainsi qu'il est prescrit par l'art. 466 du » Code civil, et après que leur rapport aura été entériné, » les lots seront tirés au sort, soit devant le juge commissaire » ou devant un notaire commis par le tribunal. »

Nous ferons observer que les experts ne doivent cependant procéder à la formation des lots qu'autant que cela leur est prescrit par le jugement portant leur commission, parce que, d'une part, il ne leur appartient pas de juger si les droits des cohéritiers sont ou non liquides, et que, de l'autre, les dispositions de l'art. 975 sont une exception à la règle générale posée dans les articles 969, 970, 972, 976, 977, 978, 979 et suivans du Code de procédure, qui ont dérogé à l'art. 466 du Code civil.

CHAPITRE XI.

Emplacement de titres. — Reconnaissance et plantation de limites.

Ce sont ces sortes d'opérations qui présentent ordinairement aux experts les plus grandes difficultés; souvent les titres sont obscurs, d'autres fois en opposition entre eux, souvent aussi les lieux ont changé de forme ou ont été dénaturés.

Les experts doivent commencer par étudier avec le plus grand soin les titres, chercher à se faire une idée nette de la configuration qu'ils indiquent aux localités, parcourir ensuite les lieux en litige les titres à la main, rechercher les limites qu'ils désignent, s'attacher surtout à reconnaître les limites naturelles, parce qu'étant pour l'ordinaire immuables, ce sont les plus propres à faire reconnaître les lieux; quant à celles qui sont le fait de l'homme et qu'on nomme artificielles, comme, d'après leur nature, elles peuvent être facilement déplacées, les experts doivent s'attacher à rechercher et à faire reconnaître les circonstances propres à en attester l'authenticité et la véracité.

Lorsque les experts auront ainsi vérifié les lieux, reconnu les limites indiquées dans les titres et celles qui pourront en outre exister sur le terrain, ils feront une description exacte des localités. Il convient, dans la plupart des cas, pour rendre leurs opérations parfaitement intelligibles, non-seulement qu'ils lèvent un plan géométrique des lieux, mais encore figuratif et suffisamment lavé et dessiné pour représenter tous les accidens du terrain.

Ils donneront ensuite tous les détails nécessaires pour motiver l'avis qu'ils émettront sur l'emplacement des titres, et pour éclairer les magistrats sur tous les points de la contestation à cet égard.

Mais qu'est-ce que des limites, et comment sont-elles établies ?

Les limites sont des points désignés ou des marques placées à dessein sur le terrain pour indiquer les lignes de séparation des propriétés entre elles. Ce sont des points désignés lorsqu'elles sont naturelles, ce sont des marques placées à dessein lorsqu'elles sont artificielles.

Les limites naturelles sont ordinairement un rocher, un mamelon, une gorge ou excavation de montagne, une rivière, un ruisseau, un torrent, un chemin, un mur, un bâtiment (1).

Lorsque des rochers sont désignés pour limites, les points qu'ils indiquent sont faciles à reconnaître; il en est à peu près de même des mamelons, gorges ou excavations dans les montagnes.

A l'égard des rivières, ruisseaux et torrens, comme ils sont sujets à varier dans leur cours et même à changer de lit, les experts auront à examiner si, d'après les localités, rien de semblable n'a pu avoir lieu depuis la date des titres qu'ils ont à emplacer. S'ils reconnaissent que quelque événement de ce genre a pu arriver, ils étudieront soigneusement le terrain pour s'en assurer et reconnaître le véritable état des lieux à l'époque des titres.

Il en est de même des chemins, mais il est facile de reconnaître à leur nature et à leur position, s'ils ont pu éprouver quelques variations dans leur direction. Les grandes routes les principaux chemins vicinaux varient rarement; il n'y a que les chemins d'exploitation qui soient sujets à des changemens souvent difficiles à reconnaître et qui exigent toute l'attention des experts.

Quant aux bâtimens et aux murs; ils peuvent avoir été démolis et reconstruits plus ou moins loin de leur première place; on peut en avoir changé la forme et la direction; ils peuvent avoir entièrement disparu. Il importe que les experts s'assurent de toutes ces circonstances, soit par l'exploration des lieux, soit par les renseignemens qu'ils peuvent prendre dans la contrée (2).

(1) On dira peut-être qu'un chemin, un mur, un bâtiment sont le fait de l'homme et ne sauraient être rangés au nombre des limites naturelles; mais nous comprenons sous cette dénomination tout ce qui n'a pas été placé par les hommes à dessein de former limites, mais qui, par suite de sa position ou de sa nature, peut en servir.

(2) Dans certains pays on est dans l'usage d'indiquer les limites dans les bois et surtout dans les taillis, par des arbres (appelés pieds corniers dans le Graisivaudan) que l'on place et laisse croître à dessein pour ne les abattre que quand ils périssent; alors on les remplace par des limites en pierre, souvent même on

Les limites ou bornes artificielles sont celles que les hommes placent à dessein pour désigner les lignes séparatives des propriétés.

Elles sont ordinairement formées par des pierres brutes, de forme allongée, d'environ soixante-et-dix centimètres de hauteur, que l'on enterre droites, la partie la plus grosse en dessous, et en laissant la partie supérieure dépasser le sol d'environ huit centimètres. On place dessous quelques débris de brique ou de tuile, ou des morceaux de charbon de bois ; on y ajoute toujours une ou deux briques, ou bien un ou deux cailloux (3) brisés en deux, de manière à ce qu'on puisse en rejoindre les morceaux que l'on place aux côtés de la limite ; on les nomme gardes ou garans (4).

---

se contente de l'existence de la souche qui, suivant l'espèce des arbres, se conserve longtemps.

On considère aussi les fossés comme servant de limites, suivant leur emplacement. Les experts auront à leur égard, à vérifier les usages des lieux, ils s'assureront s'ils sont mitoyens ou s'ils ont été placés tout à fait sur le bord de la propriété à laquelle ils appartiennent, ou si l'on a laissé un espace quelconque entre eux et les propriétés voisines, et surtout s'ils ont été considérés comme indiquant les lignes de séparation.

Il en est de même des haies et des murs de clôture.

(3) Et même plus, suivant le nombre de lignes dont on a à indiquer la direction, comme il sera expliqué ci-après. (Voir la figure 8 de la planche, à la fin du présent chapitre.)

(4) Les anciennes limites ne sont pas toujours, dans tous les pays, accompagnées de gardes et autres marques distinctives destinées à les faire reconnaître. Voici ce que dit à ce sujet M. Fournel, dans son Traité du voisinage, au mot *bornes :*

« La principale marque d'une borne, dit Coquille (sur Nivernais, titre 5), » est quand au pied d'icelle et en dedans terre, sont trouvées les garans ou » témoins ou filleules (gardes), c'est-à-dire deux ou trois pierres plates ou tuileaux qui font partie d'une seule pierre qui a été fortuitement cassée en deux » ou trois pièces, lesquelles pièces sont mises en deux ou trois coins de la » borne en dedans terre, et quand on les *confronte* l'une à l'autre, il est re- » connu que ç'a été autrefois une seule pierre ou tuile qui à escient a été cas- » sée pour servir à cet effet.

» Les autres marques (continue-t-il), sont quand toutes les pierres servant » de limites sont de même grain et de même nature l'une comme l'autre, et » quand elles sont posées de telle façon que l'une à son aspect s'adresse à » l'autre.

» Quelques auteurs enseignent que l'accompagnement de ces *cailloux*, *morceaux de pierre* ou *tuileaux*, ou autres *témoins* usités dans le pays, est une circonstance indispensable pour caractériser la borne, sans quoi la prétendue

Les gardes ou garans ne servent pas seulement à faire reconnaître que la pierre est une limite, mais encore à indiquer la direction des lignes séparatives des propriétés. La manière de

---

borne ne doit être investie d'aucune considération, c'est, entre autres, l'avis de François Marc, avocat au Conseil delphinal au seizième siècle, qui a donné un recueil des décisions de cette Cour.

» C'est peut-être aller trop loin, et il y aurait de l'injustice à méconnaître le caractère de borne dans une pierre dénuée de *témoins*, si d'ailleurs cette pierre, profondément enfoncée dans la terre, présentait une intention formelle de *bornage*.

» La seule induction qu'on pourrait tirer, c'est que la borne n'aura pas été apposée *par autorité de justice*, mais seulement *de concert* entre les parties.

» En effet, lorsqu'il est question de mettre de nouvelles bornes au défaut d'anciennes, ce bornage peut s'effectuer de deux manières, soit de *concert* entre les *voisins* et par leur fait seulement, soit avec l'intervention de *l'autorité judiciaire*.

» La faculté de poser des bornes, *de concert* et sans l'intervention de l'autorité judiciaire, n'est pas universelle en France, et il existe des coutumes qui l'interdisent, telles que celle d'Anjou, art. 280; Maine, art. 297; Loudun, tit. 1er art. 1; Tourraine, Senlis, etc; et même Loyrel en fait une règle de droit : *Bornes se mettent par autorité de justice*. Art. 38 du titre 2 du livre 2. »

Néanmoins il ne faut prendre ces dispositions *coutumières* que comme une exception au droit *commun*, étant certain que dans la majorité de la France ce *bornage* est autorisé d'après l'usage le plus antique. Philippe Beaumanoir, dans son ouvrage sur les coutumes de Beauvoisis, sous le règne de saint Louis, en 1268, en fait mention : « Toutes gens, dit-il, qui requièrent *bornes* le » doivent avoir, et bien *peuvent* les parties, *se elles s'accordent, borner sans* » *justice*. Chap. 30. pag. 151. »

» Bouteiller atteste la même pratique : « S'il advenait que les parties *fus-* » *sent d'accord* de mettre et asseoir bournes entre eux, faire le peuvent, sans » appeler la loi ne autre fors voisins. *Somme rurale*, liv. 1er, pag. 366. »

» Dans ce dernier cas, il faut observer qu'il n'est pas permis aux propriétaires d'effectuer seuls *le bornage*. »

» Cette opération doit être faite contradictoirement avec les voisins intéressés à cette mesure et constatée par un procès-verbal, soit devant *notaire*, soit sous *seing privé*.

» Lorsque le bornage se fait de cette manière, la *borne* est *seule* introduite en terre, sans accompagnement de *témoins*, de *perdriaux* ou *filleules*, car cette formalité est réservée au bornage fait sous l'autorité de justice.

» Cette distinction date de loin, puisque Boutellier en parle dans sa *Somme rurale* comme d'une ancienne maxime : « Les bornes, dit-il, sont assises par » les échevins, chacun desquels met en la fosse où l'on doit asseoir la *borne* » un *caillet* (cailloux). Les parties peuvent elles-mêmes asseoir borne; mais à

les placer varie suivant les usages des lieux. Dans le département de l'Isère on les a longtemps placés aux côtés opposés de ceux où aboutissent les lignes de séparation. (Voir la planche à la suite du présent chapitre, figure 1 et 2.) Ce n'est que depuis 45 ans que l'usage s'est introduit de les placer au côté de la limite où ces lignes viennent aboutir. (Voir les figures 3, 4, 5, 6, 7 et 8.) Cette dernière méthode nous paraît beaucoup plus convenable, en ce qu'elle ne présente jamais aucune ambiguïté ni difficulté pour les cas où les limites sont placées à des

---

» la borne ainsi mise n'y aura nul *caillet dessous*, comme *témoins d'échevins*, » pour ce que les échevins n'y ont été appelés. Tit. 7, pag. 366.

» Les bornes qui sont apposées en vertu d'ordonnance du juge, et après les formalités requises, portent le nom de *bornes jurées* ou *bornes de lois*. »

Nous ferons observer, au sujet de ce passage de M. Fournel et des autorités qu'il cite;

1° Qu'aujourd'hui il n'y a point de distinction à faire entre le bornage qui a lieu par autorité de justice et celui qui est fait amiablement par les parties intéressées elles-mêmes; ce dernier a autant de force que l'autre, les conventions qui interviennent entre des parties capables de contracter, faisant loi pour elles aussi bien que les décisions de la justice.

2° Qu'actuellement il est, dans toute la France, loisible aux parties intéressées de s'entendre pour planter amiablement et de concert, des bornes ou limites, et y placer les *gardes*, *témoins*, *garans* ou *filleules*, et telles autres *marques* qu'elles jugeront propres à les faire reconnaître par la suite; les diverses coutumes qui régissaient autrefois une grande partie de la France à ce sujet, ne sont pas des lois qui intéressent l'ordre public et les bonnes mœurs, auxquelles les parties contractantes ne puissent contrevenir (Art. 6 du Code civil); d'ailleurs les coutumes ainsi que le Droit romain ne peuvent plus être considérés que comme raison écrite, et ne sont obligatoires que sous le rapport de l'équité, à laquelle elles peuvent servir de guide. Nous pensons que les parties feront très-bien en plantant des limites, de suivre à cet égard les indications que nous donnons dans ce chapitre.

3° Que l'avis de M. François Marc, rapporté par M. Fournel, était la règle suivie dans la province de Dauphiné.

4° Enfin que les experts qui auront à reconnaître de vieilles limites, doivent s'informer avec soin des anciens usages de la contrée et de la méthode qui y était suivie pour les plantations de bornes, afin de ne point commettre d'erreurs et ne pas prendre pour limites des pierres que le hasard seul aurait placées en terre dans telle position, de telle forme, de telle grosseur, plutôt que de toute autre; les localités pourront souvent aussi leur fournir de bonnes indications, si, par exemple, ils opèrent dans un pays où les pierres sont très-rares; la découverte en terre d'un bloc en forme et position de limite devra fortement attirer leur attention, qu'il soit ou non accompagné de gardes ou de toute autre marque particulière.

points où viennent aboutir trois ou quatre lignes. Il est à désirer que cet usage s'établisse partout. (Voir les figures 6, 7 et 8.)

On conçoit que les gardes sont en nombre égal à celui des lignes (5) qui arrivent à la limite, néanmoins on ne les place jamais en nombre impair, et lorsqu'on a une ligne qui vient se terminer à la limite, et qui forme avec les autres un nombre impair, on place deux gardes au côté où elle vient aboutir. (Voir ci-après les figures 6 et 8.)

C'est ainsi qu'au moyen de l'examen des gardes ou de l'alignement à une autre borne ou à quelque point reconnu pour servir de limites, on peut toujours s'assurer de la direction que suivent les lignes séparatives. (Voir ci-après les figures 5 et 9.)

Lorsque la limitation est d'une grande importance, et qu'il est nécessaire d'indiquer d'une manière bien positive la direction des lignes, si l'on veut surtout que chaque limite l'indique d'elle-même sans avoir recours à l'examen des gardes et l'alignement d'autres limites, il faut alors prendre des pierres beaucoup plus fortes, les faire tailler avec soin, et les placer de manière que les lignes de séparation tombent perpendiculairement sur les faces des limites où elles viennent aboutir.

Ces sortes de limites doivent être établies sur des fondations maçonnées, entourées de même jusqu'à quelques centimètres du niveau du sol par de la maçonnerie dans laquelle on enterre les gardes, sur lesquelles on grave fortement quelques lettres ou quelques marques qui puissent les faire reconnaître en tout temps.

On détermine ensuite leur position au moyen de la boussole, et on relève la déviation des lignes qui y arrivent par rapport aux points cardinaux.

Il serait à désirer que toutes les limites pussent être établies de cette manière ; mais les frais que cela occasionne, la difficulté de se procurer les pierres et les matériaux nécessaires,

---

(5) La figure 3 représente une limite n'indiquant qu'une seule ligne, les deux gardes sont placées du côté où la ligne arrive.

La figure 4 représente des limites où deux lignes aboutissent, les gardes sont placées séparément aux côtés d'arrivée des lignes.

La figure 6 représente une limite où trois lignes se terminent, il y a quatre gardes dont deux sont placées du côté de la ligne *a*.

La figure 8 représente une limite servant à indiquer la direction de cinq lignes, il y a six gardes dont deux sont placées du côté de la ligne *a*.

ne permettent pas d'agir ainsi, et ce n'est, comme nous l'avons dit, que dans des circonstances graves que l'on procède de cette manière.

Lorsque des experts sont chargés de planter des limites, par suite d'un jugement ou d'un compromis entre les parties, ils doivent se conformer exactement à leur mandat, et planter des limites partout où ils le jugent nécessaire, pour remplir l'objet que les magistrats ou les parties ont eu en vue.

On place des limites à tous les points où les lignes divisionnelles font des angles, on en met aussi dans l'intervalle, lorsque les lignes droites sont très-longues, ou lorsqu'on ne pourrait apercevoir les limites de l'une à l'autre par suite des accidens du terrain.

Cette opération terminée, les experts en dresseront un procès-verbal détaillé, où ils indiqueront la position des limites, de manière à ce que l'on puisse aisément les retrouver par la suite, ou du moins en reconnaître la véritable place, dans le cas où elles viendraient à être arrachées ou déplacées; ils indiqueront, autant que possible, un ou deux points fixes, ou même plus, s'il s'en rencontre, d'où l'on puisse partir pour rechercher les limites; ils relèveront, en même temps, les distances des limites entre elles, même les principales diagonales. Comme ces sortes de procès-verbaux sont très-importans à cause de leur grande utilité, lorsqu'ils sont bien faits, nous en donnons ici un exemple.

« Nous M** A** N** experts nommés, etc.

» Nous avons planté une première limite (Voir la figure 9, » n° 1) à l'angle midi et couchant de la terre du Marronnier, » cette limite se trouve à trente-cinq mètres, en allant du midi » au nord, de l'angle levant et nord de la culée méridionale du » pont de l'Horme, sur lequel la grande route traverse le ruis- » seau du Fort, et à dix mètres de la pierre milliaire portant le » n° 8, qui se trouve sur le bord de la grande route, en allant » du levant au couchant. Cette limite est destinée à indiquer les » lignes divisionnelles du couchant au levant. Comme de la » limite n° 1, on ne peut apercevoir l'extrémité de la ligne du » couchant au levant, à cause d'une élévation qui se trouve » dans l'intervalle, nous avons placé sur cette ligne une li- » mite n° 2, à quarante mètres de la précédente. Nous avons » placé une troisième limite n° 3, à l'extrémité de ladite ligne » et à l'angle midi et levant de ladite terre, et à vingt mètres » de distance de la limite n° 2; cette troisième limite est à » 35 mètres de la source de Perria, qui naît au pied du rocher

» de Saulne, en allant du couchant au levant déclinant au » nord. A l'extrémité de la ligne orientale, en allant du midi » au nord, et à un angle rentrant, nous avons placé une qua- » trième limite n° 4, à trente mètres de la précédente; cette » limite se trouve, en allant du nord au levant, à quinze mè- » tres de la source ci-dessus indiquée. A l'extrémité de la li- » gne partant de cette limite et allant vers le nord, mais décli- » nant fortement au levant, nous avons placé une cinquième » limite n° 5, à dix mètres de la précédente; cette limite se » trouve à seize mètres de la source de Perria. Enfin, à l'ex- » trémité de la ligne partant de cette limite et allant du levant » au couchant, nous avons planté une sixième limite n° 6, » qui est à cinquante mètres de la précédente, à trente mètres » de la limite n° 1, en allant du nord au midi, déclinant un » peu au couchant, à trente mètres aussi en allant du levant au » nord de l'angle nord et levant de la culée méridionale du » pont de l'Horme, et à cinquante-cinq mètres de la pierre » milliaire portant le n° 8, sur la grande route, en allant du » nord au midi, déclinant au couchant. Enfin, la limite n° 1 » est à septante-quatre mètres de distance de la limite n° 5, » en prenant la diagonale; la limite n° 3, à cinquante-un mè- » tres de la limite n° 6, et la limite n° 2, à trente-six mètres de » la limite n° 4.

» A chacune de ces limites nous avons placé, au côté où » viennent aboutir les lignes séparatives, des gardes formées » au moyen de briques cassées en deux, de manière que les » morceaux puissent en être réunis. » (6).

On sent qu'avec un procès-verbal de ce genre et au moyen de la conservation de deux des trois points fixes indiqués (la culée du pont, la pierre milliaire et la source), ou de l'un d'eux seulement avec une limite, il sera toujours très-facile d'emplacer la terre dont il s'agit et de retrouver toutes les limites ou du moins leur place, si elles ont été enlevées.

Si l'opération est étendue et d'une certaine importance, il sera à propos de relever avec la boussole et d'indiquer la déviation des lignes; enfin pour peu qu'elle soit compliquée, il faudra joindre au procès-verbal un plan géométrique des lieux,

---

(6) Dans l'exemple ci-dessus nous avons placé les points de repaire en dehors de la propriété à limiter; on conçoit qu'ils peuvent être pris tout aussi bien au dedans s'il s'y en trouve, et même sur les lignes séparatives lorsqu'ils forment limites naturelles.

sur lequel on marquera soigneusement les limites, tant naturelles qu'artificielles (7).

Si le jugement qui prescrit une plantation de limites, ordonne (et c'est le plus ordinaire) qu'elle aura lieu conformément au titre des parties, les experts auront d'abord à faire l'emplacement de ces titres, et ils entreront, à ce sujet, dans tous les détails propres à justifier leurs opérations, parce que ce ne sera plus un simple procès-verbal de plantations de limites qu'ils auront à faire, mais un véritable rapport sujet à l'homologation des tribunaux.

Lorsque ce sont les propriétaires eux-mêmes qui, de commun accord, plantent des limites, ils doivent toujours en dresser ou faire dresser un procès-verbal, ou par convention sous seing privé, ou devant le juge de paix, ou devant notaire; c'est le vrai moyen d'éviter beaucoup de contestations et de procès à l'avenir.

Nous terminerons ce chapitre par une observation essentielle : si les lignes séparatives qu'il s'agit de fixer vont se terminer à des fonds dont les propriétaires ne sont point appelés à la plantation de limites, on ne peut placer les limites tout à fait à l'extrémité des lignes et contre les propriétés de ces derniers; il faut nécessairement laisser un espace quelconque entre deux, et en effet ce serait sans droit comme sans raison, qu'on voudrait placer des limites sur le bord de leur fonds, à leur insu et peut-être contre leur gré, et dont il serait possible qu'on voulût un jour abuser à leur préjudice. La distance à observer varie suivant les usages des lieux; dans certains pays elle est de trois mètres, dans d'autres de deux, dans d'autres enfin d'un seulement (8). Il convient de ne jamais la mettre moindre, pour éviter toute difficulté.

---

(7) Lorsque, dans le cours de leurs opérations, les experts reconnaissent des points qui peuvent servir de limites naturelles, ils doivent avoir le plus grand soin de les bien désigner dans leur rapport ou leur procès-verbal.

(8) La figure 10 présente un exemple de ce fait. Les propriétaires des fonds *A B* veulent se limiter, mais les propriétaires des fonds *C D* sont absens et étrangers à cette limitation, en conséquence, les deux limites destinées à indiquer la ligne séparative *a b* seront chacune plantée à une distance des points *a* et *b* qu'on suppose ici devoir être de trois mètres, et les gardes seront placées comme l'indique la figure 10, suivant la nouvelle méthode.

Quelques personnes ont pensé que cette manière de procéder pouvait avoir de graves inconvéniens, donner lieu à des abus majeurs, et occasionner, par suite, de fâcheuses contestations.

En

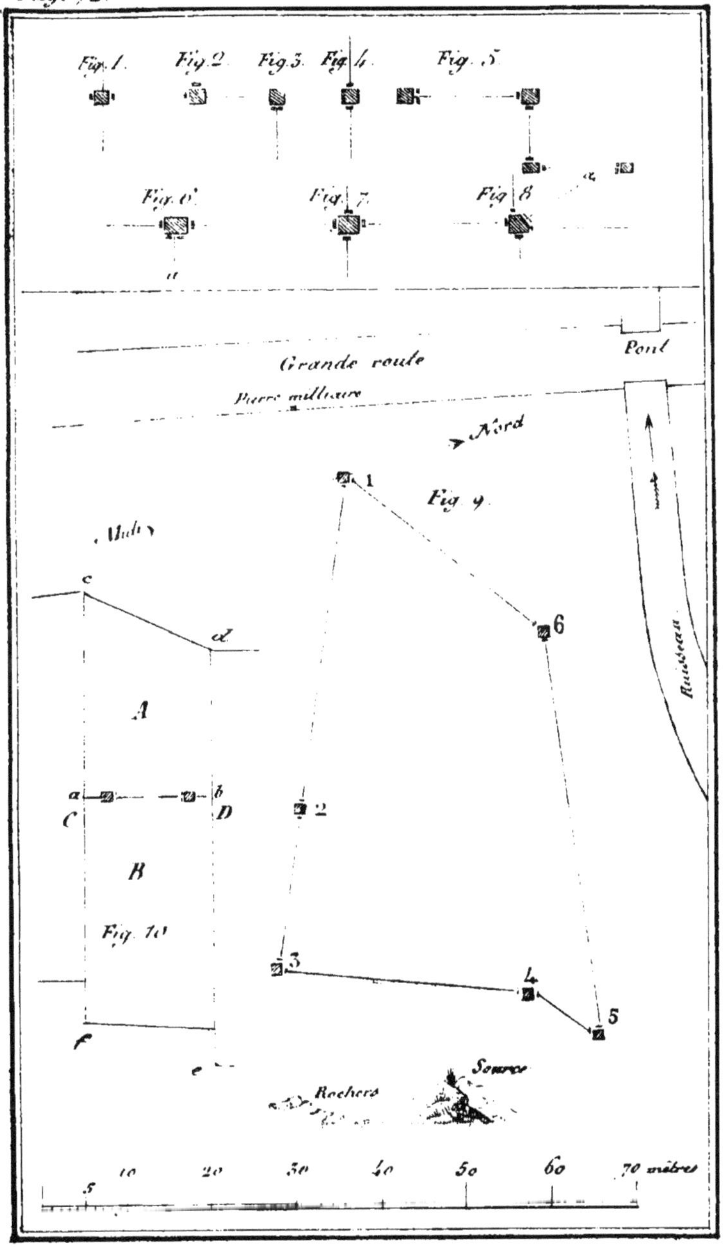

Fig. 1. Fig. 2. Fig. 3. Fig. 4. Fig. 5.

a

Fig. 6. Fig. 7. Fig. 8.

a

Pont

Grande route

Pierre milliaire

Nord

Fig. 9.

1 2 3 4 5 6

Midi

c d

A

a b

C D

B

Fig. 10.

f e

Ruisseau

Source

Rochers

5 10 20 30 40 50 60 70 mètres

En effet, qu'est-ce qui empêchera que les propriétaires des fonds *A B*, au lieu de se conformer à l'usage des lieux, ne placent les limites qu'à un mètre de distance et non à trois des lignes séparatives *c f* et *d e*; est-ce que par la suite et à une époque où il sera impossible de justifier de ce qui s'est passé, surtout s'il n'a pas été fait de procès-verbal public de la plantation des deux limites, ils ne pourront pas venir dire aux propriétaires des fonds *C D* : Vous avez empiété de deux mètres l'un et l'autre sur nos propriétés, car voici nos deux limites qui ont été plantées suivant l'usage de la contrée à trois mètres de distance de vos fonds, et vous vous en êtes rapprochés de deux.

Nous répondons que la vérification des limites fera voir de suite que les propriétaires des fonds *C D* ont été étrangers à leur plantation, qu'ainsi elles ne sauraient nuire en aucune manière à leurs droits ni leur être opposées; il faudra donc, pour que l'on puisse tirer quelques présomptions de leur emplacement, que la prétention des propriétaires des fonds *A B* ne soit en contradiction ni avec les autres limites qui seront reconnues avoir été placées pour déterminer les lignes *d e* et *c f*, ni avec les titres des propriétaires des fonds *C D* ni même avec la possession de ces derniers.

Dans tous les cas, lorsque les propriétaires des fonds *C D* s'apercevront que les limites dont il s'agit n'ont pas été placées à la distance voulue par l'usage des lieux, ils seront toujours en droit d'exiger qu'elles soient reculées ou qu'elles soient placées contradictoirement avec eux, aux points *a b*, pour les faire servir à déterminer en même temps les lignes *d e* et *c f*, en y ajoutant le nombre de gardes nécessaires.

Mais, dira-t-on, ce seront là des contestations que l'on éviterait en admettant que les limites dont il s'agit peuvent et doivent même être placées contre les lignes *d e* et *c f*; c'est ici une erreur, il pourrait en résulter des abus et des contestations bien plus sérieuses et plus difficiles à juger, car si l'on admet que les propriétaires des fonds *A D* sont capables de s'écarter de l'usage des lieux pour rapprocher leurs limites des fonds *C D*, ils pourront tout aussi bien, s'ils sont en droit de les placer sur les lignes *d e* et *c f*, à l'insu et en l'absence des propriétaires voisins, les avancer dans les fonds *C D*, en les masquant de quelque manière et en profitant de l'absence de leurs propriétaires pour venir un jour dire à ceux-ci : voilà les limites que nous avons plantées contre les lignes de démarcation de vos propriétés et des nôtres telles qu'elles existaient alors; vous les avez dépassées, vous avez empiété sur notre sol. On sent que dans ce cas la position des propriétaires des fonds *C D* serait beaucoup plus embarrassante et beaucoup plus difficile; en effet, la présomption serait contre eux, et ils seraient obligés d'établir d'une manière positive le fait de la fraude et du dol des propriétaires des fonds *A B*, ce qui serait presque toujours impossible. La mauvaise foi aurait donc toutes les chances pour elle; elle n'aurait ni preuve ni justification à faire, et il lui suffirait que l'on ne pût la confondre pour qu'elle triomphât.

Au reste, on sait que les contestations auxquelles donnent lieu les emplacemens de limites sont, pour l'ordinaire, très-difficiles à juger, parce que la plupart sont causées par des faits de fraude et de dol, et que ceux qui les commettent ont grand soin de se cacher pour échapper aux peines portées par l'art. 456 du Code pénal, qui classe ces sortes de faits au nombre des délits ; et en effet on peut dire que c'est là un vol de propriété immobilière qui mérite d'être puni aussi sévèrement que les autres vols ordinaires, car il n'est pas moins facile à commettre.

Les anciens avaient senti toute l'importance de cette matière, et ils étaient beaucoup plus sévères que nous à cet égard.

Nous croyons faire plaisir à nos lecteurs en donnant ici le Précis fait par M. Fournel, de la législation ancienne et moderne sur les déplacemens et enlèvement de bornes ou limites, dans son Traité du voisinage, au mot *borne*. D'ailleurs cela mettra MM. les experts à même d'instruire les individus qui leur paraîtraient disposés à se livrer à de pareils actes, des dangers et des peines auxquels ils s'exposent.

« De temps immémorial et chez tous les peuples connus, la *violation du bornage* a été placée au rang des délits les plus graves.

» Le Deutéronome en contient une prohibition expresse : *Non assumes, nec transferes* terminos, *proximi tui*, quos fixerunt priores *in possessione tuâ*. (Deutéronome, cap. 19, v. 14.)

» Une loi de Numa Pompilius dévouait à l'exécration publique quiconque aurait fait passer *la charrue* sur les *bornes*, et frappe du même anathème les animaux dont il se sera servi à cet effet.

» Le temps n'ôta rien de ce respect des Romains pour *les bornes champêtres*, et ils finirent par faire un dieu du bornage sous le nom du dieu *Terme*, qui couvrait de sa protection les propriétés foncières.

» On trouve dans le Droit romain un titre tout entier sur le déplacement des *bornes* (*de termino moto*. ff. liv. 47, tit. 21), qui contient des peines capitales telles que le *bannissement*, la condamnation *aux travaux publics*, et le *fouet*.

» C'est ce titre qui a servi longtemps de base à la jurisprudence française, car la législation nationale est toujours restée sur cette matière dans une grande imperfection.

» La coutume de Bretagne, art. 635, porte : « Que ceux qui ôtent ou ar-
» rachent bornes sciemment, et ceux qui mettent de fausses bornes, doivent
» être punis comme des larrons. »

» La coutume de la Salle, chatellenie d'Ypres, porte : « Quiconque serait
» trouvé qu'il déplacât des *bornes*, les fît enfoncer ou les obscurcir par d'au-
» tres moyens, celui-là encourrait l'amende de soixante livres parisis, et par-
» dessus payerait à sa partie les dépens, dommages-intérêts, à la discrétion
» des échevins, et si le déplacement, l'enfoncement ou l'obscurcissement arri-
» vait pendant la nuit, il serait puni pour crime et pour le civil, à discré-
» tion. »

» L'article 5 de la coutume de Bailleul, rubrique 29, porte : « Quiconque
» *ôte*, *change* de situation ou fait enfoncer par dol quelques bornes, sera puni
» du fouet, du bannissement ou d'autres punitions arbitraires. »

» (Voyez Henrys, tome 1, livre 4, chapitre 6 ; Bouchel, verbo *Bornes*, coutume du Bourbonnais, art. 30).

» Sous le nom de déplacement de bornes, il faut entendre toute espèce de manœuvre frauduleuse qui tend à défigurer le signe de bornage et à l'obscurcir. L. 3 ff. de Term. mot.

» La législation moderne, en abordant cette matière, ne *s'était* pas mise en grands frais pour la perfectionner.

» D'abord, l'assemblée dite *Constituante*, par son décret du 16 août 1790 sur l'ordre judiciaire, *avait* rangé le déplacement de bornes dans les attributions des *justices de paix*, ce qui dépouillait cet acte du caractère de délit, pour le soumettre à une action purement civile.

» Cette immoralité fut rectifiée par le décret du 28 novembre 1791 sur la police rurale, qui contient la disposition suivante : « Quiconque aura déplacé ou supprimé des *bornes* ou pieds cormiers, ou autres arbres plantés ou reconnus pour établir les limites entre différens héritages, pourra (en outre du payement des dommages et des frais de remplacement de bornes) être condamné à une amende de la valeur de deux *journées de travail*, et sera puni par une détention dont la durée (proportionnée à la gravité des circonstances) n'excédera pas une année.

» Tel était le dernier état de la jurisprudence sur le *déplacement des bornes*. Ce n'était plus qu'un délit justiciable de la police correctionnelle.

» Il faut avouer qu'en venant des Romains jusqu'à nous, ce délit a bien perdu de son importance ; il y a loin des *exécrations* de *Numa* à un *mandat d'amener*. Ce qui paraissait aux anciens une calamité publique, et ce qui mérita chez les Romains la création d'un dieu, n'avait pas encore obtenu, chez nous, les honneurs d'une bonne loi, lorsque le Code pénal, publié en 1810, a corrigé, par son article 456, ce qu'il y avait de défectueux dans le décret du 28 novembre 1791, en prononçant contre les auteurs de déplacement ou suppression de *bornes*, la peine d'un emprisonnement qui ne peut être au dessous d'*un mois* ni excéder *une année*, et d'une amende égale au quart des restitutions et des dommages et intérêts, qui, dans aucun cas, ne peut être moindre de *cinquante francs*. »

CHAPITRE XII.

Des cantonnemens.

Lorsque des communes et des particuliers, en plus ou moins grand nombre, ont des droits d'usage perpétuels dans des bois ou des paquérages, les propriétaires ont le droit de demander que les usagers soient cantonnés, c'est-à-dire qu'il leur soit attribué une certaine étendue de bois ou de paquérage en toute propriété, pour leur tenir lieu de leurs droits d'usage et en affranchir le reste.

Les experts peuvent être appelés pour donner leur avis, 1° sur la quotité du cantonnement, 2° sur l'étendue de bois ou de paquérage qui doit être assignée aux usagers pour les remplir de cette quotité, 3° enfin sur l'emplacement à donner à la part à eux attribuée.

Si les experts ont à s'expliquer sur ces trois points à la fois, ils commenceront par s'assurer du nombre des usagers (1) et de l'étendue de leurs droits. Ils vérifieront ensuite les bois ou paquérages; ils les mesureront avec soin (2), ils les diviseront en diverses classes, suivant la nature du sol et la différence des produits des diverses localités, et ils évalueront le plus exactement possible ces produits; ces deux opérations terminées, ils rechercheront quel doit être l'effet du nombre et des droits des usagers sur la totalité des produits, c'est-à-dire si le nombre et les droits des usagers emporte le cinquième, le quart, le tiers, la moitié ou plus des produits, et ils détermineront d'après cela la quotité du cantonnement qui doit tou-

(1) Si c'est une commune qui est usagère, on aura à considérer sa population, et à examiner si les droits d'usage n'ont pas été déterminés d'après le nombre de ses habitans à l'époque de la concession, et si l'on ne doit pas les restreindre en conséquence. Dans ce dernier cas, s'il y a contestation, les experts dresseront un procès-verbal des dires et prétentions réciproques des parties, et renverront la continuation de leurs opérations jusqu'à ce qu'il ait été statué sur cette difficulté par les tribunaux compétens.

(2) La levée d'un plan est presque toujours de nécessité absolue. (*Voir le chapitre* 18.)

jours, du moins autant que possible, donner aux usagers un produit égal à celui que leur procuraient leurs droits (3).

Les experts auront soin de toujours réduire les droits des

---

(3) On nous a fait observer qu'en procédant d'après les principes que nous venons de poser, il pourrait arriver que l'étendue des droits des usagers absorbât la totalité des produits, qu'alors il faudrait leur assigner la totalité de la propriété pour cantonnement et qu'il ne resterait plus au propriétaire qu'un vain titre, ce qui est en contradiction évidente avec l'expression elle-même de cantonnement, qui veut dire que l'on cède une partie, *un canton* des immeubles en toute propriété, pour affranchir le surplus du droit d'usage.

Il est vrai que de pareilles circonstances peuvent en effet se présenter, et le cantonnement serait alors impossible, puisqu'il ne resterait rien au propriétaire. Mais nous pensons que, dans ce cas, la justice veut ordinairement que l'on restreigne les droits des usagers dans des proportions convenables, pour qu'il reste toujours aux propriétaires une partie quelconque des immeubles affranchie du droit d'usage, et cette partie, suivant nous, ne saurait être moindre du quart, car on ne peut supposer que ceux qui ont fait la concession de l'usage aient entendu se dépouiller de plus des trois quarts des produits, pour ne conserver que le titre honorifique de propriétaires.

Mais est-ce aux experts à faire cette réduction des droits des usagers et à déterminer la quotité qui doit rester aux propriétaires? Non sans doute. Ils sont, dans ces sortes d'opérations, appelés pour déterminer les droits des parties et en poser les limites sur le terrain, et n'ont absolument aucun pouvoir pour y toucher, cela n'appartient qu'aux tribunaux; eux seuls peuvent statuer sur les réductions que ces droits sont dans le cas d'éprouver. En conséquence, s'il résulte de la vérification et des calculs des experts que les droits des usagers sont de nature à absorber la totalité des produits, ils doivent dresser un procès-verbal très-exact et bien détaillé de leurs opérations et du résultat qu'elles donnent, et renvoyer les parties devant les tribunaux, pour faire prononcer sur la difficulté et déterminer la quotité du cantonnement, pour y être ensuite procédé suivant la décision qui interviendra.

Mais il peut arriver que le cas ait été prévu et que les experts soient chargés de déterminer eux-mêmes (sauf l'homologation) quelle doit être la réduction à faire éprouver aux droits des usagers. Alors les experts sont, par le fait, appelés à faire les fonctions de juges; ils ne sauraient apporter trop de soin et d'attention dans leurs recherches et leurs vérifications, ni trop bien motiver leurs décision. Il faudra qu'ils tâchent de remonter à l'origine de la concession, pour s'assurer de ses causes et des motifs de l'extension qu'on lui a donnée, car il peut arriver que l'établissement des droits d'usage n'ait été ainsi fait que pour déguiser un abandon réel de la propriété et sauver l'amour-propre des cédans; comme aussi que les droits cédés, quelle que soit leur étendue, ne soient que le prix d'une autre cession ou de l'abandon d'autres droits équivalens; on sent que, dans ce cas, la réduction à faire peut être très-peu de chose et descendre à moins du quart. Il peut même arriver que toute réduction paraisse évidem-

usagers à leur juste et véritable étendue, sans égard aux abus que l'on pouvait en faire, le respect dû à la propriété l'exige impérieusement (4).

---

ment injuste, alors les experts doivent se contenter d'émettre leur avis, solidement motivé, et renvoyer les parties devant les tribunaux, pour faire statuer à ce sujet, parce que le résultat de la décision doit être de dépouiller en entier le titulaire, de la propriété, pour la faire passer sur la tête des usagers, ce que les experts n'ont jamais le droit de faire : cela peut être la conséquence de leurs investigations, mais, dans aucun cas, ils ne peuvent le prononcer.

(4) Les droits d'usage sont ordinairement basés sur les besoins de ceux en faveur de qui ils sont concédés, d'où il suit que c'est presque toujours ces besoins que les experts ont à apprécier pour déterminer l'étendue de ces droits, et alors ils ne doivent point négliger d'examiner les ressources que les usagers peuvent avoir d'ailleurs pour les satisfaire, et les prendre en considération.

C'est ainsi que la Cour royale de Grenoble l'a jugé, dans un arrêt remarquable rendu le 13 février 1836 entre les communes de Chichilianne, du Percy, du Monestier-du-Percy, et les consorts de Nicolaï. En voici les principaux motifs :

« Attendu que la jurisprudence et la loi établissent seulement le principe, » que celui sur la propriété duquel est établi un droit d'usage au profit des » communes ou une universalité d'habitans, peut s'en exonérer et le racheter en abandonnant une portion de la propriété en faveur des usagers;

» Attendu que le droit d'usage est, de sa nature, variable et subordonné à » une infinité de circonstances tirées soit des localités, soit de l'espèce et de » l'étendue des droits énoncés dans le titre constitutif; que, par suite, c'est » avec juste raison qu'on reconnaît comme principe certain, que la quotité » qui doit être cédée comme équivalente des droits d'usage, est abandonnée à » la prudence et à l'arbitrage des juges qui doivent fixer les bases du cantonnement, d'après toutes les circonstances de la cause.

» Attendu que, dans le nombre de ces circonstances, on peut prendre en » considération les ressources qui leur sont propres, puisque, s'agissant de satisfaire au besoin des usagers, on ne peut prendre ces besoins dans une acception absolue, abstraction faite de ceux qui sont déjà satisfaits.

» Attendu, dès-lors, que c'est avec justes motifs que l'arrêt du 31 août » 1832 avait prescrit aux experts de rechercher la consistance des biens particuliers dont jouissaient les communes; que les experts, après avoir constaté » cette consistance, l'ont prise en considération, et que, dans la seconde hypothèse du cantonnement à opérer par eux, ils ont fait concourir proportionnellement les ressources propres des communes avec ce qu'elles peuvent réclamer à titre d'usage pour la satisfaction des besoins des usagers.

» Attendu, néanmoins, que quoique les experts aient opéré d'après une » juste base, etc. »

Dans cette affaire les experts avaient reconnu qu'en prenant d'une manière absolue les besoins des communes pour bases, le cantonnement absorberait presque toute la propriété ; que si, au contraire, on ne considérait leurs be-

Cela fait, les experts examineront quel est l'endroit dans lequel il convient le mieux d'emplacer le cantonnement (5), et ils en détermineront l'étendue d'après la nature de la localité et son produit (6); ils en fixeront les limites et marqueront les points où il conviendra de planter des bornes.

On conçoit que ces sortes de rapports doivent être, comme tous les autres, soigneusement motivés; les experts ne doivent nullement épargner les détails sur les faits et les circonstances qui ont déterminé leur opinion; ils peuvent être tous nécessaires pour éclairer les magistrats.

---

soins que distraction faite des ressources particulières qu'elles avaient pour y satisfaire, le cantonnement deviendrait nul ou tout au moins illusoire. C'est pourquoi ils établirent entre les ressources particulières des communes et les droits d'usage une proportion par forme de contribution, pour satisfaire aux besoins des usagers, en y faisant ainsi tout concourir.

Ce fut, comme on le voit, cette manière de procéder qui fut adoptée par la Cour, quoiqu'elle ne fût point entrée dans les prévisions de l'arrêt interlocutoire qui avait ordonné le rapport. Cette décision nous paraît de nature à faire règle dans toutes les affaires du même genre.

(5) On doit toujours chercher à le placer à la portée des usagers et de manière qu'en jouissant de la part à eux assignée, ils ne puissent nuire en aucune manière à celle restante au propriétaire.

(6) C'est-à-dire qu'ils lu. assigneront une étendue suffisante pour donner aux usagers un produit égal à celui qu'ils avaient auparavant d'après leurs droits, sauf les modifications qui peuvent y être apportées, suivant les observations contenues dans la note 4 ci-devant.

CHAPITRE XIII.

Observations sur l'évaluation des bois.

Les cantonnemens ont ordinairement lieu pour les bois, et il est peu d'opération à raison des partages, des ventes par licitation et des demandes en rescision de vente pour cause de lésion, où il n'y ait des bois à estimer; souvent aussi des experts sont appelés pour les opérations que l'administration forestière est dans le cas de faire faire contradictoirement avec des tiers. Ce genre d'estimation est donc tout aussi important que les autres; M. Grand-Thoranne n'a fait qu'en poser les principes généraux et encore n'en a-t-il parlé que très sommairement; nous désirions pouvoir entrer dans quelques détails à ce sujet; le défaut de renseignemens suffisans et des connaissances spéciales que cette matière exige ne nous l'avait pas permis, mais un employé de l'administration forestière ayant bien voulu nous communiquer une instruction de cette administration à ce sujet, en date du 4 février 1813, elle nous a paru contenir à peu près tout ce qu'il y a de plus essentiel et nous ne croyons pouvoir rien faire de mieux que de la donner ici en entier; en y joignant les observations que nos recherches et nos réflexions nous ont suggérées à l'égard de l'estimation des bois dans les affaires entre particuliers.

PREMIÈRE PARTIE.

Instruction de l'administration générale des forêts, sur le mode à suivre pour l'estimation des bois en matière d'échange, de partage, de cantonnemens, ainsi que dans tous les cas d'aliénation.

« Le décret impérial du 20 juillet 1808 (1) présente sur la marche à tenir dans les estimations des bois, des règles que

(1) Décret du 20 juillet 1808.

« Art. 1er. Lorsque des demandes en partage de bois indivis entre le goul'administration a fait connaître à ses agens, et dont l'objet est de mettre l'autorité supérieure à même de juger du mérite des opérations, en évitant les abus qui pourraient naître de leur ancienne manière d'opérer.

» Les règles dont il s'agit obligent les experts à mentionner dans leurs procès-verbaux,

» 1º La contenance des bois à estimer ;

» 2º L'évaluation du fonds (2) de ces bois ;

» 3º L'évaluation de la superficie (3), en distinguant le taillis de la futaie.

» Mais il resterait à déterminer la forme à suivre dans ces estimations et le nombre des experts qui devraient y procéder.

» Le décret impérial du 11 juillet 1812, rendu relativement aux demandes en échange des biens dépendans du domaine de la couronne, contient des dispositions, qui, ayant paru applicables aux demandes en échange des biens dépendans du domaine de l'état, règlent dès lors le nombre des experts appelés à procéder aux estimations, et indiquent la marche qu'ils doivent suivre pour la régularité et la validité de leur travail.

» Mais comme il importe, pour le bien du service, d'assurer dans l'exécution des mesures prescrites par ces décrets une uniformité constante, l'administration a cru devoir prescrire ce qui est à faire dans l'état actuel des choses pour procéder régulièrement aux opérations dont il s'agit.

» On remarquera d'abord que les opérations ayant pour objet de régler avec exactitude la valeur des bois qu'il s'agit d'apprécier, il faut, pour parvenir à déterminer exactement cette valeur, commencer par bien connaître les bois à estimer.

» D'où l'on voit que le travail des estimations peut être con-

---

» vernement et des particuliers, ou des demandes en échange ou aliénation » donneront lieu à des expertises, elles ne seront admissibles qu'autant que » les experts se seront conformés aux dispositions suivantes.

» Art. 2. Les procès-verbaux des experts feront mention :

» 1º De la contenance du bois ;

» 2º De l'évaluation du fonds ;

» 3º De l'évaluation de la superficie, en distinguant le taillis d'avec la » vieille écorce, et mentionnant les claires-voies, s'il y en a ;

» 4º De l'indication des rivières flottables ou navigables qui servent aux » débouchés, et des villes et des usines à la consommation desquelles les bois » sont employés. »

(2) Du sol.

(3) C'est-à-dire, du bois existant sur le sol.

sidéré comme divisé en deux parties absolument distinctes l'une de l'autre.

» La première partie comprend les opérations préparatoires de l'estimation.

» La seconde les opérations définitives.

» On va parler successivement de ces deux parties.

1er OBJET.

Opérations préparatoires d'une estimation.

« Pour avoir une connaissance exacte et détaillée d'une partie de bois à estimer, connaissance sans laquelle on ne peut parvenir à déterminer avec exactitude la valeur de cette partie de bois, il faut d'abord bien reconnaître sa situation, sa configuration et son étendue (4).

» La situation d'un bois, pour être déterminée avec soin, exige non-seulement qu'on sache sur quelle portion de territoire ce bois se trouve placé, mais encore quelle est sa position, relativement aux autres bois de la contrée ou à des points fixes environnans.

» La configuration exacte de ces bois ne peut être présenté que par un plan fait avec soin et sur lequel les limites de ce bois seront tracées avec précision.

» Enfin l'étendue véritable, où, si l'on veut la contenance de ce bois, ne pourra être bien déterminée qu'autant que les calculs par l'événement desquels on peut l'obtenir reposeront sur des données certaines; c'est-à-dire, sur des lignes dont les points extrêmes et la longueur exactement prise sur le terrain, seront rapportés soigneusement sur le plan.

» D'où l'on voit que le travail préparatoire de l'estimation d'un bois consiste, 1° dans la levée ou la vérification d'un plan de ce bois; 2° dans la reconnaissance *contradictoire* et la fixation de ses limites (5); 3° enfin, dans les calculs à faire par suite pour en déterminer la contenance (6).

---

(4) Cette reconnaissance est de la plus haute importance pour l'exactitude des opérations des experts; il ne saurait y être apporté trop de soin et d'attention, soit qu'il s'agisse des bois de l'état, soit de bois appartenans à des particuliers. Voir ci-après, 2e partie, n° 2.

(5) Voir la phrase commençant par ces mots: « mais il ne suffit pas, et la note 7.

(6) C'est l'administration forestière qui fait faire toutes ces opérations pré-

» La levée ou la vérification des plans exige des opérations dans le détail desquelles il est inutile d'entrer ici et dont les bases sont l'uniformité des dispositions de ces plans, l'uniformité d'échelle et le rattachement à des points fixes pris en dehors des parties de bois décrites. On se contentera d'insister sur la nécessité de la triangulation qui doit précéder toute levée et toute vérification de plan, parce que c'est à l'aide de cette triangulation et des points fixes de rattachement qu'elle donne (surtout à l'aide des distances à la méridienne et à la perpendiculaire), qu'on parvient, non-seulement à bien assurer la position du bois qu'on veut décrire, ou dont le plan doit être vérifié, mais encore à se prémunir contre les erreurs qui pourraient se glisser dans le détail du levé ou de la vérification de ce plan.

» Mais il ne suffit pas que le plan d'une partie de bois soit levé ou vérifié avec exactitude, que la position et la configuration soient présentées sur le plan de manière à ne rien laisser à désirer; il est nécessaire encore que les limites véritables soient fixées avec précision, tant sur le terrain que sur le plan, et que la ligne de circonscription de ce bois ne laisse d'incertitude dans aucune de ses parties.

» D'où l'on voit la nécessité de reconnaître et de fixer cette ligne. On ne dira rien ici des formalités à remplir pour parvenir à ce but; elles sont indiquées dans la décision de son excellence le Ministre des finances du 19 septembre 1811 (7).

» C'est quand le plan d'un bois a été ainsi fait ou vérifié, que les limites de ce bois ne peuvent donner lieu à aucune contestation avec les riverains, et que ce bois se trouve bien connu sous les trois rapports de situation, de configuration et d'étendue, que les experts peuvent s'occuper utilement d'en détermi-

paratoires, les experts n'ont pas à s'en occuper, mais il n'en est pas de même quand il s'agit d'affaires où cette administration est étrangère. Voir ci-après nos observations sur l'estimation des bois dans les affaires entre simples particuliers, n° 3.

(7) C'est aujourd'hui la section 1re du titre 3 du Code forestier, art. 8 à 14 inclus, qui déterminent le mode à suivre pour la delimitation et le bornage des bois de l'état, les experts n'ont pas à s'en occuper, à moins qu'ils ne soient commis à cet effet par les tribunaux ensuite de contestation entre l'administration forestière et des particuliers ou dans les cas prévus par les art. 9 et 13 du Code forestier, et alors ils procèdent dans les formes ordinaires. Voir ci-devant les chapitres 4 et 11, et ci-après le chapitre 25.

ner la valeur, c'est là ce qui constitue le travail définitif de l'estimation.

2e OBJET.

Opérations définitives d'une estimation.

» En s'occupant des opérations définitives d'une estimation il faut considérer,

» 1o Par quelles personnes elles doivent être faites;

» 2o Les formalités que ces personnes ont à remplir;

» 3o L'ordre dans lequel elles doivent procéder.

§ 1er. *Quelles personnes sont appelées à faire des estimations.*

« D'après le décret du 11 juillet 1812 les estimations seront faites par trois experts, l'un nommé dans l'intérêt du gouvernement et par l'autorité qui agit en son nom, un autre par le demandeur en échange, qui se trouve en opposition d'intérêt avec l'état, et le troisième par le président du tribunal de 1re instance dans l'arrondissement duquel se trouvent les biens à estimer (8).

» En appliquant cette disposition aux demandes en échange ou partage de bois, on voit que l'expert à nommer dans l'intérêt du gouvernement doit l'être par l'administration, ou, d'après son autorisation, par les conservateurs.

§ 2. *Formalités à remplir de la part des experts.*

» Ces formalités sont de deux espèces, les unes précèdent le travail de l'estimation, les autres sont postérieures à ce travail.

» Les formalités qui précèdent l'estimation, sont la prestation de serment des experts devant le tribunal compétent (9)

(8) Voici les termes de l'art. 2 de ce décret : « Dans le cas où les domaines » à échanger seraient situés dans le ressort de deux tribunaux différens; par » le président du tribunal du lieu ou le domaine appartenant à la couronne ou » sa plus forte partie, s'il s'étendait dans le ressort de deux tribunaux, sera » situé. »

(9) Sans doute celui qui a nommé l'un des experts; le décret du 11 juillet 1812 qui prescrit ce serment, dit simplement : « lesquels (experts), après ser» ment prêté en la forme accoutumée, visiteront, etc. »

auquel ils sont tenus de justifier de leur pouvoir et qui est appelé à statuer sur les difficultés auxquelles cette prestation de serment pourrait donner lieu (10).

» Les formalités postérieures au travail de l'estimation sont l'affirmation du procès-verbal qui la constate (11) et le dépôt du procès-verbal, s'il était requis, soit par l'une des parties, soit par l'un des experts, pour qu'on puisse y avoir recours au besoin (12).

§ 3. *Ordre dans lequel les experts doivent procéder.*

» On a dit qu'avant qu'il soit question de passer à l'estimation des bois, il était nécessaire que la situation, la configuration et l'étendue de ce bois fussent connues et que ses limites bien fixées ne puissent donner lieu à aucunes difficultés, ce qui suppose que les experts ont le plan régulier du bois dont il s'agit, ainsi que le procès-verbal de reconnaissance et de fixation des limites, fait contradictoirement avec les riverains.

» Munis de ces pièces, les experts se rendent sur les lieux, vérifient, s'il le juge convenable (13), l'exactitude de ces opérations préliminaires, visitent avec soin dans toutes ses parties le bois à estimer, et prennent toutes les notes nécessaires pour former le mémoire descriptif et statistique de ce bois; ils ne négligent pas de se procurer des renseignemens sur la valeur vénale des bois de la contrée, sur celle des terres de diverses classes, afin d'avoir des termes de comparaison.

» Si la partie de bois à estimer est considérable, si elle se trouve partagée en grandes divisions ou triages qui présentent des différences sensibles quant à la nature du sol ou à la valeur

(10) On ne saurait comprendre à quel genre de difficultés la prestation de serment des experts pourrait donner lieu.

(11) Il n'est pas question de cette formalité dans les lois et décret sur la matière, elle n'est prescrite que par l'instruction que nous transcrivons: devant qui et comment doit-elle être faite? c'est ce que cette instruction ne dit pas.

(12) Ce dépôt n'est-il que la remise du rapport en double expédition qui doit être faite au conservateur? Voir le § 3 ci-après, à la fin, mais alors il est de droit et il n'y a pas besoin de réquisition pour qu'il doive être effectué: mais si c'est d'un autre dépôt que l'on a voulu parler, où et comment doit-il être fait?

(13) C'est ce qu'ils ne doivent jamais manquer de faire, afin de prévenir les contestations que pourraient faire naître par la suite les erreurs qui se seraient glissées dans les opérations préliminaires.

de la superficie ; si même, sans que cette partie de bois soit partagée en triage, elle offre des coupes distinctes qui nécessitent un examen particulier, les experts auront soin d'en faire mention dans la note statistique de ce bois; et en la terminant, ils annonceront l'ordre qu'ils vont suivre dans leurs opérations.

» Considérant donc chaque coupe séparément, ils en estimeront séparément aussi le fonds et la superficie en distinguant la futaie du taillis.

» Pour parvenir à l'estimation du fonds, les experts commenceront à s'assurer si le sol de cette coupe est partout de la même qualité, ou s'il ne présente pas quelques parties qui doivent être rangées dans une classe supérieure ou inférieure à celle où ils croiront que peut être mise la majeure partie de cette coupe.

» Si ces parties supérieures ou inférieures en qualité sont assez considérables pour pouvoir être indiquées sur le plan, les experts les y feront placer; si, au contraire, elles ne peuvent être exprimées à cause de leur peu d'étendue, les experts les évalueront de la manière la plus exacte qu'il leur sera possible, et en tiendront note pour y avoir égard dans la fixation de la valeur du sol de cette coupe.

» Les classes diverses dans lesquelles les parties du sol composant cette coupe doivent être rangées, se trouvant bien fixées, le prix courant des terres de ces classes dans le territoire de la commune de la situation des bois, servira de règle pour l'estimation, et les calculs s'établiront d'après l'étendue des parties du sol, et la valeur de l'hectare de la classe à laquelle elles seront déclarées appartenir (14).

» La valeur du fonds ainsi fixée, on passera à l'examen de la superficie.

» Pour parvenir à l'estimation régulière de la superficie d'un bois, il faut s'occuper successivement de deux choses :

» La première est de déterminer la nature et la quantité de chaque espèce de bois de chauffage ou de bois de service que la superficie de ce bois peut contenir.

---

(14) Il est beaucoup de localités où ces termes de comparaison pourront manquer aux experts, il faudra alors qu'ils aient recours aux produits pour déterminer la valeur du sol, et ce, de la manière dont nous l'expliquerons ci-après, 2e partie, no 3, § 3 et 4.

» La seconde est de régler, d'après le prix courant du commerce, la valeur de chaque nature de bois prise sur pied (15).

» Le décret du 20 juillet 1808 prescrivant d'estimer séparément le taillis et la futaie, on commencera par le taillis.

» En procédant à l'estimation de ce taillis, il faudra, comme on l'aura fait pour l'évaluation du fonds, avoir égard aux parties qui se trouvent plus ou moins garnies; et d'après l'examen qu'on aura fait, déterminer la quantité de stères de bois de chauffage et de bourrées (16) que ce bois peut contenir. Ce premier point déterminé, on prendra pour régler la valeur en argent de ce taillis, le prix courant du stère de bois de chauffage et celui du cent de bourrées, le tout pris sur pied.

» Quant à la futaie, on comptera les arbres avec soin en les distinguant par espèce et en les rangeant dans trois classes qui comprendront, savoir : la première, les baliveaux de l'âge; la seconde les baliveaux de deux âges ou modernes; la troisieme, les anciens.

On détermine ensuite la quantité de bois de service que chaque classe d'arbres peut fournir, et on réglera la valeur de ce bois sur pied, d'après le prix courant du commerce de la contrée (17).

» Il résulte de ce qui précède, que les opérations relatives aux échanges, cantonnement, partage ou aliénation de bois du domaine, doivent être exécutées dans l'ordre suivant :

» 1° Nomination de trois experts : l'un par l'administration ou par le conservateur, d'après l'autorisation qu'il reçoit d'elle à cet effet;

» Un autre par le président du tribunal de première instance;

» Le troisième par la partie intéressée.

» 2° La prestation de serment des experts.

» 3° Reconnaissance contradictoire et fixation des limites des bois dont on s'occupe, conformément à la décision du 19 septembre 1811 (18).

» 4° Levée du plan d'après les règles prescrites pour cette partie de travail.

» 5° Rédaction des procès-verbaux de délimitation et mémoire statistique.

---

(15) C'est-à-dire distraction faite des frais d'exploitation et de transport au lieu de la vente.

(16) Fagots ou maroquins.

(17) Distraction faite des frais d'exploitation et de transport.

(18) Aujourd'hui conformément aux art. 8 et 14 du Code forestier.

» 6° Estimation du fonds (19) par classes comparativement aux terres voisines, en prenant pour base le produit annuel de chaque classe (qu'il faut multiplier par vingt) et les cotes d'impositions qui doivent être annexées aux pièces (20).

» 7° L'estimation de la superficie (21) pour chaque classe du fonds, d'abord pour le taillis, en énonçant le nombre de stères et de bourrées, le prix du stère ou du cent de bourrées en portant hors ligne le prix de chaque marchandise : ensuite de la futaie, en classant les arbres, en calculant leur valeur sur le nombre de service qu'ils peuvent donner.

» 8° Rédaction des procès-verbaux d'estimation et du tableau dressé conformément au modèle joint à cette instruction (22).

» 9° Affirmation des procès-verbaux. (Voir la note 11 ci-dev.)

» 10° Remise de toutes les pièces et du plan au conservateur par double expédition.

» Paris, le 4 février 1813.

Le Directeur général.

---

(19) C'est-à-dire du sol.

(20) Il est évident que l'on veut ici parler du produit qui sert de base à la répartition des contributions, et que c'est ce produit qu'il faut multiplier par vingt? Cette manière de procéder nous paraît sujette à de grandes erreurs ; d'abord et surtout à l'époque de l'instruction, le revenu net imposable était, dans presque toutes les communes, loin d'être égal ou proportionné au produit réel; en 1792, lorsque l'on fit les états de section, l'exaltation et l'esprit de parti qui dominaient présidèrent à ces opérations, et pour faire les estimations, on considéra bien plus la nature des propriétaires que le véritable produit des fonds; d'une autre part, l'intérêt particulier y avait souvent singulièrement influé, et l'on ne pouvait y trouver que des termes de comparaison presque toujours erronés : lors des opérations du cadastre, les évaluations ont été un peu mieux faites, cependant elles ne nous paraissent nullement pouvoir conduire à un résultat rigoureusement juste, surtout à cause de la difficulté de trouver dans les environs des bois à estimer, des terres de même nature et qualité que celle de ces bois ; nous pensons qu'il conviendrait beaucoup mieux de faire cette évaluation par les produits que l'on capitaliserait suivant la valeur vénale du sol des bois dans le pays, et non pas simplement au 5 pour 100 comme l'indique l'instruction par ces mots (*qu'il faut alors multiplier par vingt*). Car si le prix du sol des bois se calcule dans la contrée sur le pied du trois et demi, quatre ou quatre et demi pour cent, il est évident que l'estimation au cinq pour cent sera au-dessous de la vraie valeur; que si au contraire le sol des bois ne se vend qu'à raison du cinq et demi ou six pour cent, elle sera au-dessus. (Voir le n° 3, § 3 ci-après.)

(21) C'est-à-dire du bois existant sur le sol.

(22) Nous n'avons pu nous procurer ce modèle, au reste c'est à l'administration à le fournir aux experts.

DEUXIEME PARTIE.

De l'estimation des bois dans les affaires entre particuliers.

N° 1. — *Nomination, serment des experts et dépôt de leur rapport.*

Ils sont nommés et prêtent serment dans les formes ordinaires, comme pour toute autre expertise ; ils déposent leur rapport au greffe du tribunal ou de la cour qui a rendu le jugement ou l'arrêt portant leur commission, à moins qu'ils n'en soit autrement ordonné par ce jugement ou arrêt, et ils n'ont pas à l'affirmer d'une manière plus particulière.

N° 2. — *Opérations préliminaires.*

C'est aux experts à lever, s'il y a lieu, le plan des bois à estimer et à en faire la description ; nous pensons qu'ils ne doivent jamais manquer d'en lever le plan lorsque les bois sont d'une grande étendue, tout ce qu'ils pourraient dire dans leur rapport pour en faire une description exacte ne saurait y suppléer, et ils s'exposeraient souvent à être inintelligibles.

Ils auront soin d'indiquer sur ce plan les limites exactes des bois à estimer, les accidens du terrain (23), ses diverses natures, les clairières qui peuvent s'y trouver, les ravins qui les coupent, les divers triages qui en ont été faits s'il existe un aménagement, les chemins qui les traversent, y aboutissent ou servent à l'exploitation, les couloirs servant à descendre le bois, les rochers et montagnes qui peuvent les dominer, ou sur la pente desquelles ils sont situés (24), les rochers pierriers et élévations qu'il peut y avoir dans l'intérieur.

Si, en levant le plan, les experts s'aperçoivent que les limites des bois à estimer ne sont pas certaines, et que cette incertitude peut les jeter dans des erreurs de nature à influer dans un sens quelconque sur leurs opérations, ou que, par la suite, cela peut donner lieu à de nouvelles contestations entre les par-

(23) Du moins autant que possible.

(24) Il est évident qu'ils n'ont pas besoin de lever les rochers et montagnes qui bordent les forêts, il suffit d'en indiquer la position et l'étendue qu'elles occupent sur la lisière du bois ; il n'en est pas de même des rochers ou élévations qui se trouvent dans l'intérieur, il faut absolument en faire connaître la surface sur le plan. (*Voir le chapitre 18 ci-après.*)

ties ou avec les propriétaires voisins, ils dresseront, à ce sujet, un procès-verbal particulier, dans lequel ils indiqueront, à l'aide de leur plan, les points et les lignes ou les limites sont incertaines, et renverront les parties à se pourvoir conformément aux lois pour faire procéder contradictoirement avec tous les tiers qui pourraient y être intéressés, à l'emplacement et aux bornages des bois à estimer (25). Cela fait, ils rapporteront sur leur plan les limites et les lignes de démarcation qui auront été légalement constatées.

Ces premières opérations terminées, les experts feront dans la première partie de leur rapport et à l'aide du plan la description statistique des bois :

1° Ils en indiqueront la situation non-seulement sous le rapport des communes ou mas où ils se trouvent, mais encore sous le rapport des villes, bourgs et usines où les bois peuvent être vendus, en en donnant approximativement les distances ;

2° Ils feront connaître les moyens de transport, les routes, rivières et canaux qui peuvent y servir, leur nature, les facilités ou difficultés qu'ils présentent sous le rapport de leur accès et de leur viabilité ;

3° Ils s'expliqueront sur la nature du terrain des bois, si c'est une terre franche, susceptible d'un autre genre de culture, si elle est argileuse, marneuse, pierreuse, caillouteuse ou semées de pierres et de rochers ; si la nature du terrain varie, ils en feront connaître les différentes parties qu'ils marqueront par des lisérés analogues sur le plan.

4° Ils donneront la position des bois s'ils sont situés en plaine ou sur des pentes de côteaux ou de montagnes, le plus ou moins de rapidité de ces pentes, en donnant approximativement les angles qu'elles présentent ;

5° Leur exposition au nord, midi, levant et couchant ; si les bois présentent diverses expositions, ils les indiqueront par des lignes particulières avec des numéros ou des lettres de rappel sur le plan, et feront connaître l'étendue de chacune d'elle (26) ;

---

(25) Cette opération ne peut entrer dans la mission des experts chargés de l'estimation qu'autant qu'elle leur a été spécialement confiée par un jugement ou un arrêt intervenu entre toutes les parties intéressées, ou bien par un mandat positif et écrit de leur part. (Voir le chap. 11 ci-devant.)

(26) Ceci est très-essentiel, car on sait que les bois ne sont point de même qualité suivant l'exposition dans laquelle ils ont cru ; les plus mauvais sont ceux dont l'exposition étaient au nord et au couchant ; aussi dans beaucoup de contrées ces expositions ont-elles pris le nom d'envers, et lorsqu'on parle de mauvais bois, on dit qu'il a cru *à l'envers*.

6° Ils n'oublieront point le climat du lieu où ils se trouvent, ni le temps, plus ou moins long, nécessaire à leur croissance, suivant leur destination, pour bois de service, de chauffage ou fagotage, et leur plus ou moins belle venue ;

7° Ils expliqueront si les clairières et les parties peu garnies des bois sont susceptibles d'être repeuplées, quelles dépenses approximatives il faudrait faire pour cela, et les essences qu'il faudrait y employer;

8° Ils feront connaître l'âge des bois ou de ses différens triages, en les marquant sur le plan par des lignes et des numéros ou lettres de renvoi ;

9° S'ils reconnaissent que les bois ont éprouvé des dégâts, ils en feront connaître l'étendue et autant que possible les causes et les moyens de les prévenir par la suite, en indiquant les parties qui ont plus ou moins souffert et pourquoi;

10° Enfin, ils feront en détail le calcul de la surface des bois, en distinguant les clairières, les parties couvertes de pierres ou de rochers, celles bien ou mal garnies, les diverses expositions, les âges des bois suivant leurs triages, en indiquant la contenance de toutes ces parties, sauf à faire les distinctions nécessaires pour établir avec exactitude la contenance totale. (*Voir le chapitre* 18.)

Après avoir fait ces diverses opérations et rédigés cette première partie de leur rapport, les experts auront acquis une connaissance parfaite des bois et pourront alors se livrer avec succès à leur estimation, objet de leurs missions; ils auront tous les élémens nécessaires pour justifier leurs opérations, et cette tâche, de leur part, se trouvera déjà en partie remplie.

N° 3. — *Estimation.*

Les experts commenceront, suivant qu'ils le jugeront le plus convenable, par l'évaluation du fonds ou sol, ou bien par la superficie, c'est-à-dire des bois existans sur pied; nous pensons qu'ils feront toujours bien de commencer par cette dernière opération, parce qu'elle les conduira naturellement à la connaissance des produits annuels des bois à estimer, et cette connaissance facilitera singulièrement l'évaluation du sol.

Nous allons parler successivement de l'évaluation des taillis, de celle des futaies, de l'estimation du sol des taillis et de celle de celui des bois de haute futaie.

§ Ier. — *Taillis.*

Pour ces opérations, il faut nécessairement aux experts des connaissances spéciales et locales, et une grande habitude de voir des bois, autrement il faudra qu'ils prennent avec soin des renseignemens dans l'endroit auprès des personnes qui s'occupent habituellement à exploiter les bois : nous ne pouvons rien leur apprendre à ce sujet, et notre objet, dans les observations qui vont suivre, est simplement de donner quelques indications qui puissent servir de guides dans les recherches à faire.

Nous supposons ici que les taillis sont en coupe ou à la veille de l'être, les experts procéderont suivant leur destination ; si c'est pour fagotages, ils auront à s'assurer de la quantité de fagots ou maroquins que l'on peut en retirer ; si c'est pour bois de chauffage, de la quantité de stères de première, seconde et troisième qualité de bois, ainsi que du nombre de bourrées ou fagots de débris qui en résulteront, si c'est pour le charbonnage, après avoir évalué le nombre de stères de bois que la coupe peut produire ; en distinguant les essences (27), ils s'expliqueront sur la quantité de charbon qui peut en provenir en l'énonçant d'après son poids.

Ces premières évaluations terminées, il n'y aura plus que les prix à y appliquer ; les experts s'assureront du cours de la contrée, et en feront l'application suivant la nature, la réputation, les qualités des bois de chauffage, fagots, maroquins, bourrées ou de charbon qu'ils auront à évaluer. Ils feront ensuite la distraction des frais d'exploitation et de transport, sur lesquels il leur sera facile de se procurer des renseignemens certains, et qu'ils apprécieront aisément au moyen de la connaissance exacte qu'ils auront acquise de la situation et des diverses variétés des bois à estimer, et par suite des difficultés que leur exploitation et leur transport au lieu de la vente peuvent présenter.

Si les bois ne sont pas en coupe (28), ils ne pourront être évalués que par analogie en les comparant avec des bois prêts à être coupés, de même nature et qualités, ayant cru dans des terrains, des climats et des expositions semblables; on s'assurera ainsi de leur valeur s'ils étaient au moment de la coupe, et on les réduira suivant le nombre d'années que l'on aura en-

---

(27) Car il y a une grande différence entre elle pour le poids et la qualité du charbon. La distinction des essences est aussi un objet essentiel pour l'estimation des bois de chauffage, elles donnent lieu à de grandes variations dans les prix. Les bois tendre, tels que le tilleul, le saule, le peuplier, le noisetier, etc., ont ordinairement le moins de valeur.

(28) C'est dans ce cas surtout que la distinction des triages ou aménagemens que les experts auront faite dans leurs opérations préliminaires sera utile.

core à attendre (29). Lorsque les experts auront à évaluer des coupes déjà faites et enlevées, ils procéderont de même par analogie, sauf et sans préjudice des renseignemens qu'ils pourront se procurer sur ce qu'on aura retiré de la coupe dont il s'agira.

On demandera sans doute par quel moyen on pourra reconnaître la quantité de fagots, de bourrées, de bois de chauffage ou de charbon que la coupe d'un taillis peut donner? Nous répondrons qu'il n'y a que l'expérience et une grande habitude chez les experts de l'exploitation des bois qui puissent les mettre à même de faire des appréciations justes à cet égard; aussi ne sauraient-ils trop s'expliquer et motiver leur rapport sur tous les points pour échapper aux reproches d'arbitraires que les plaideurs mécontens pourraient leur adresser.

Il n'y a pas de méthode qui puissent suppléer à l'expérience et à l'habitude des experts, d'autant plus que celles sur lesquelles on pourrait compter sont presque toujours impraticables suivant les localités, ou exigent un temps et des frais énormes.

Un auteur qui ne s'est fait connaître que sous le nom d'ancien jurisconsulte, a publié, en 1827, la cinquième édition d'un ouvrage intitulé : *Manuel des experts*, dans lequel il s'est moins occupé de ce que les experts ont à faire, que des lois dont l'application peut donner lieu à ordonner des rapports et des questions que leur interprétation peut soulever; il a donné une méthode pour estimer les taillis; nous allons la transcrire; on jugera si elle est praticable et peut être appliqué à toutes les localités, notamment dans les endroits escarpés et dans les bois dont l'accès est difficile, ainsi que du temps et des frais qu'elle exige :

« Après avoir fait, dit-il (partie 5, chap. 6, n° 751), l'ar-
» pentage général (des bois taillis à estimer) et celui des vides,
» on *compte ou fait compter* la quantité de brins au-dessus de
» seize centimètres (six pouces) inclusivement (*de tour ou de*

---

(29) C'est-à-dire que s'il faut vingt ans de croissance au bois, et qu'il n'en ait que cinq, il ne vaudra que le quart, à dix ans la moitié, ainsi de suite à proportion du nombre d'années d'attente.

Dans tous les cas, les experts ne négligeront point les renseignemens qu'ils pourront se procurer sur le produit des coupes précédentes. Nous ferons cependant observer que la croissance des bois est beaucoup plus rapide dans les premières années qui suivent la coupe, et que les experts devront y avoir égard. C'est pour cette raison que les bois qui, d'après leur position et leurs essences, peuvent être exploités pour fagotage produisent beaucoup plus que si on les laissaient croître pour bois de chauffage.

» *diamètre?*) qui peuvent se trouver dans un des meilleurs hectares ou demi-hectares. On en fait autant dans un hectare ou demi-hectare des plus médiocres; on ajoute ces deux nombres ensemble, on en prend la moitié pour avoir la quantité moyenne; ensuite on mesure les grosseurs d'une cinquantaine de brins, pris sans choix, au-dessus de seize centimètres (six pouces) de grosseur inclusivement. On ajoute toutes ces grosseurs différentes, on divise la totalité par le nombre 50, pour avoir la grosseur moyenne. On opère de la même manière sur une grande quantité de hauteur pour avoir aussi la hauteur commune. On obtient ainsi trois nombres, savoir : la quantité de brins que l'on présume se trouver sur un hectare ou sur un demi-hectare commun entre le bon et le moindre, la grosseur et la longueur commune; et par ce moyen on peut facilement connaître combien il y a de longueur d'un mètre *seize centimètres* (*trois pieds et demi*) dans l'hectare ou dans le demi-hectare; et par un simple calcul on sait combien la totalité de ces longueurs peut rendre de stères, depuis *un mètre quarante centimètres* jusqu'à un mètre, mesure au-dessous de laquelle le bois n'est plus de nature à être mesuré à la membrure. »

La fin de cette explication ne nous paraît pas très-intelligible; quoi qu'il en soit, l'auteur a oublié de nous dire comment il fallait s'y prendre pour parvenir à distinguer et à compter dans un taillis un peu fourré les brins de seize centimètres et au-dessus et en prendre la hauteur. Un peu avant (n° 749 et 750), il indique, comme la seule méthode sûre, de faire exploiter quelques hectares ou ares de bois dans divers endroits de la forêt pour, au moyen de ce, pouvoir calculer par l'étendue du taillis la totalité de son produit. Nous serions assez de son avis; mais il fait, avec raison, observer que les experts ne peuvent procéder ainsi que du consentement exprès des parties, et il est à craindre qu'elle ne le donnent pas souvent à cause du dommage que cela peut faire au bois; d'ailleurs, qui est-ce qui ferait les avances des frais de cette exploitation? ce ne seront pas les experts, on ne saurait exiger pareille chose d'eux, et les parties y seront toujours fort peu disposées, d'autant plus qu'il est fort douteux que ces frais fussent compris dans ceux de l'expertise et passés en taxe aux experts, pour le compte desquels la justice pourrait fort bien, comme inutiles, laisser de pareils déboursés (30).

---

(30) La lecture que nous avons faite de l'ouvrage dont il s'agit, qui n'est pas sans mérite sous beaucoup de rapport, nous a porté à penser que

§ II. — *Futaie.*

S'il ne s'agit que des baliveaux et autres arbres de futaie qui peuvent se trouver dans les taillis, on procédera de la manière indiquée dans l'instruction de l'administration forestière.

Mais s'il s'agit de bois formés en entier d'arbres de haute futaie, l'opération devient longue et difficile.

Les experts, après les opérations préliminaires, compteront aussi exactement que possible le nombre d'arbres que ces bois contiennent, en en distinguant les essences (31), ils en mesureront un assez grand nombre de chaque essence de toute grosseur et hauteur pour avoir des termes moyens de cubage, suivant les divers services auxquels ces bois seront propres ; ils les distingueront ensuite d'après leur destination présumée et toujours essence par essence, et les cuberont en particulier ; lorsqu'ils auront ainsi le nombre de stères propres à chaque service, essence par essence, ils y appliqueront les prix courans du commerce dans la contrée, et ils feront ensuite la distraction des frais d'exploitation et de transport (32).

---

son auteur était sans doute un avocat très-instruit, un habile jurisconsulte, mais que s'il avait jamais fait des rapports d'experts, c'était sans sortir de son cabinet.

Ce livre peut être utile aux magistrats, aux avocats, aux gens d'affaires en général, mais les experts ne doivent le lire qu'avec la plus grande réserve, en ne perdant jamais de vu les avis que l'auteur leur donne, en débutant, sur leurs devoirs (1re partie, chap. 2, nos 4 à 9), autrement il pourrait les entraîner dans de graves erreurs et même les jeter dans l'arbitraire, en les induisant à s'occuper de questions de droit dont la solution n'appartient qu'aux tribunaux : l'auteur, comme nous l'avons dit, s'étant beaucoup plus occupé du droit, des lois et de la jurisprudence que de ce qu'ont à faire les experts. C'est ce dont on peut s'assurer par la simple lecture du second titre qu'il a mis à son ouvrage.

(31) Lorsque les bois n'ont pas une grande étendue et sont d'un accès facile, ce compte ne présente pas de grandes difficultés ; mais cette opération devient fastidieuse, longue et fatigante quand les bois sont vastes et d'un accès pénible, cependant elle est absolument nécessaire. Nous pourrions indiquer plusieurs méthodes qui sont employées pour la faciliter et l'abréger ; mais comme il n'y en a point de positive et qu'elles doivent nécessairement varier suivant les localités, nous laissons à l'intelligence et à l'expérience des experts le soin de leur suggérer et de leur faire trouver le mode qui leur conviendra le mieux d'après les circonstances et les lieux.

(32) Lorsqu'il s'agira d'une estimation pour restitution de fruits, il faudra distraire de plus les frais de garde qu'a pu débourser l'évincé pendant son in-

Enfin, ils termineront leurs estimations en évaluant la quantité de bois de chauffage, de charbon, bourrées ou fagots que pourront donner les branches et débris des arbres.

Les experts n'oublieront pas, en terminant, de s'expliquer sur l'opportunité de l'exploitation que l'on suppose toujours devoir être faite dans l'année du rapport, et feront connaître les inconvéniens et les préjudices d'une exploitation prématurée, ainsi que l'époque à laquelle il conviendrait de la renvoyer.

Si les experts ont à estimer des coupes déjà faites et enlevées, l'opération est beaucoup plus embarrassante, et ne peut rien avoir de réellement positif dans ses résultats ; ils ne sauraient alors prendre trop de renseignemens sur la quantité des bois que la coupe a pu produire, l'emploi que l'on en a fait et le prix que l'on en a retiré ; ils compteront ensuite avec soin les souches existantes sur le sol, essence par essence, en mesureront un grand nombre de toutes dimensions, et en compareront les résultats ou plutôt les présomptions qu'ils pourront tirer de ces dernières opérations, avec les renseignemens qu'ils se seront procurés.

Il est évident que dans ces sortes de cas, pour justifier leur travail et éviter toute idée ou soupçon d'arbitraire de leur part, les experts, dans leur rapport, ne sauraient trop multiplier les détails sur leurs diverses opérations, les renseignemens qu'ils auront recueillis, les sources où ils les auront puisés et les conséquences qu'ils ont cru devoir en tirer.

§ III. — *Sol des taillis.*

Cette évaluation ne doit point être faite en masse, à moins que le terrain ne soit homogène dans toute son étendue ; il convient de faire autant d'estimation qu'il y en a de nature ou qualités différentes ; le produit de la coupe, à la fin du temps nécessaire à la croissance des bois, étant connu dans chacune de ces parties, on en distraira les frais de garde que les bois auront coûté pendant tout ce temps (33), et on divisera le restant

---

due jouissance, à moins que l'on en fasse le calcul à part pour en joindre le montant aux autres répétitions que l'évincé peut avoir à faire ; on conçoit que cette distraction ne saurait avoir lieu en cas de partage, d'aliénation, d'échange ou de cantonnement.

(33) En en faisant la répartition, partie par partie, suivant le produit de leurs coupes.

par

par le nombre d'années que le bois met à croître; on retranchera ensuite sur le produit que l'on aura trouvé pour chaque année, la somme de l'intérêt de ce produit calculée d'après le nombre d'années que l'on aura à l'attendre (34).

Cette opération faite pour chaque année, on en retranchera le résultat total sur la totalité du produit de la coupe, distraction faite des frais de garde, et l'on divisera de nouveau le restant par le nombre d'années nécessaires à la croissance, ce qui donnera le terme moyen du produit annuel, que l'on capitalisera au trois et demi ou quatre et demi pour cent, suivant la valeur des bois dans la contrée (35).

Nous supposons ici que le sol n'est propre qu'à la production des bois, mais s'il était en tout ou en partie susceptible de quelque autre genre de culture, il faudrait rechercher quels pourraient en être les produits et quels résultats on obtiendrait pour le défrichement.

Il faut d'abord comparer le sol des bois, à d'autres terrains en culture, existant dans la contrée, de même nature et autant que possible dans la même exposition, et déterminer d'après les produits de ceux-ci la valeur du sol des bois, en ayant néanmoins égard aux frais de défrichement et aux inconvéniens qui en peuvent résulter.

Il est des espèces de bois qui, d'après leur nature, dépérissent au bout d'un certain nombre de coupes et doivent nécessairement disparaître ou faire place à d'autres essences à une époque plus ou moins rapprochée, dans la plupart de ces cas le

---

(34) Et, en effet, dès que l'on ne retire pas les produits année par année et qu'il faut les attendre pendant longtemps, on éprouve une privation qui est représentée par l'intérêt du produit de chaque année durant tout le temps à attendre.

(35) Un exemple est nécessaire pour rendre parfaitement intelligible ce que nous venons de dire : supposons que le produit de la coupe soit de quatre cents francs toutes distractions faites et le temps de croissance de vingt ans, le produit annuel serait de 20 francs, mais sur ce produit il faudra retrancher dix-neuf ans d'intérêts pour la première année, c'est-à-dire dix-neuf francs; pour la deuxième, dix-huit francs; pour la troisième, dix-sept francs, pour la quatrième, seize francs, ainsi de suite, la somme totale de ces intérêts sera de cent quatre-vingt-dix francs à retrancher de quatre cents francs; il restera deux cent dix francs qui, divisés par vingt, donneront dix francs cinquante centimes pour terme moyen du produit annuel à capitaliser, soit au quatre pour cent, ce qui donnera pour la valeur du sol deux cent soixante francs cinquante centimes.

défrichement est forcé, on se tromperait donc grandement si l'on estimait le sol par le produit du bois (36).

On fera sans doute observer que la méthode que nous venons d'indiquer pour estimer le sol des bois taillis par les produits de leurs coupes ne saurait toujours servir; car si les bois mettent plus de vingt ans à croître, il est évident qu'il pourra se présenter des cas où les intérêts de l'attente du produit l'absorberaient en entier (comme si par exemple la croissance du bois était de quarante ans), cela est vrai, la valeur du sol serait alors absolument nulle et cependant il ne saurait jamais en être ainsi. Dans ce cas, pour trouver la valeur du sol, il faudra procéder comme nous allons l'indiquer pour l'estimation de celui des bois de haute futaie.

§ 4. *Sol des bois de futaie.*

La première opération que les experts auront à faire sera de s'assurer si le sol ne serait pas, en tout ou en partie, propre à d'autres cultures plus productives que les bois, si ceux-ci ne pourraient pas être convertis en taillis à coupes plus ou moins rapprochées, s'il se repeuplera de lui-même (37) ou s'il faudra avoir recours aux semis ou aux plantations.

Si le terrain, ou du moins une partie, est susceptible d'un genre de culture plus productive que les bois, il faudra rechercher quels seraient les produits et s'en servir pour faire l'évaluation du sol comme nous venons de l'expliquer pour les bois taillis (38).

---

(36) Tels sont les bois vernaies qui croissent sur les bords ou dans les relaissés des rivières. Ces sortes de terrains commencent par produire des bauches, ce n'est que lorsqu'ils se sont assez élevés pour que les bauches ne puissent plus y prospérer, que les vernes commencent à paraître; au bout d'un certain nombre d'années, à mesure que la terre s'élève et s'améliore, les vernes dépérissent, il est facile de juger à quelle époque il sera à propos de défricher le sol. Ces sortes de terrains sont alors, et pour l'ordinaire, de première qualité et d'une assez grande valeur. Sur les bords de l'Isère la présence des ronces en quantité dans les bois vernaies est considéré comme une marque certaine de leur dépérissement et que le moment du défrichement est arrivé.

(37) Tels sont les bois de châtaigniers, chênes, acacias, et en général de toutes essences qui repoussent par les souches ou se multiplient comme l'acacia, par les racines.

(38) Sans oublier d'avoir égard aux frais de défrichement qui seront plus ou moins considérables, suivant que dans la prévoyance du défrichement on aura arraché les arbres au lieu de les couper simplement par le pied; on conçoit que l'extraction des souches et des principales racines est un travail long

Si les bois de futaie peuvent être convertis en taillis, à coupe plus ou moins rapprochées, on en estimera le sol d'après la valeur que l'on jugera que ces coupes pourront avoir.

Si enfin le sol n'est propre qu'aux bois de futaie, il faudra s'assurer autant que possible du temps moyen nécessaire à la croissance et rechercher quelle est la somme dont le produit couvrirait 1° les intérêts pendant tout ce temps; 2° les intérêts de ces intérêts à compter de leur échéance; 3° les faux frais occasionnés pour le payement de ces intérêts, et tout cela en outre des frais de garde des bois pendant tout le temps de la croissance, ainsi que des frais de repeuplement si les bois ne sont pas de nature à se reproduire d'eux-mêmes; cette somme trouvée sera la valeur du sol (39).

Nous ferons observer que les experts devront néanmoins ajouter à cette somme le capital que pourront donner les pro-

---

et coûteux qui se trouve en partie épargné lorsque les arbres ont été arrachés.

(39) Exemple. — Supposons qu'un bois mette cent ans à croître avant que l'on puisse l'exploiter, et qu'un particulier l'achète la première année de sa croissance au prix de 1000 fr., que pour remplacer le produit de son capital il emprunte tous les ans une somme de 50 fr., au bout de cent ans il devra en capital. . . . . 5,000 fr.

Plus il sera grevé de l'intérêt de tous ces emprunts, c'est-à-dire, de quatre-vingt-dix-neuf ans d'intérêts ou de 247 fr. 50 c. pour le premier emprunt, de quatre-vingt-dix-huit ans ou de 245 fr. pour le second, ainsi de suite, en tout d'une somme de. . 12,573

A ces deux sommes il faudra en ajouter une à peu près égale, soit, 17,427 fr. pour faire face 1° aux intérêts d'intérêts qu'il aura fallu payer; 2° aux frais de garde des bois pendant cent ans; 3° enfin à ceux de repeuplement, ci 17,427

Total. . . . . 35,000 fr.

Il faudra donc qu'au bout de cent ans la coupe vaille 35,000 fr. au moins pour que l'acquéreur du sol ne l'ait pas payé au delà de sa valeur réelle.

L'exemple que nous venons de donner peut servir de terme de comparaison pour trouver la valeur du sol de tous les bois dont la croissance est de cent ans; il suffira de prendre le trente-cinquième du produit de la coupe, distraction faite des frais d'exploitation et de transport des bois.

Nous ne faisons point figurer au nombre des distractions à faire, les impositions, parce qu'elles sont une charge des fruits, qui, calculés sur le pied du cinq pour cent annuellement, y suffisent et au delà; les bois ainsi que les autres propriétés rurales n'étant jamais réputés produire le cinq pour cent net.

duits annuels que l'on peut retirer 1° du paquérage dans les bois qui en sont susceptibles lorsqu'ils sont défensables ; 2° du glandage dans les forêts de chênes ; 3° des châtaignes dans les bois châtaigniers ; 4° des bois morts et broussailles, ainsi que des arbres de mauvaise venue ou qui dépérissent que l'on est dans le cas d'abattre pendant le temps de la croissance ; en faisant néanmoins attention aux époques où ces divers produits ont pu commencer à être perçus.

CHAPITRE XIV.

Des rapports d'experts pour déterminer les terrains qui doivent contribuer aux dépenses pour constructions ou entretien de digues ou chaussées, leur classement et leur estime.

Les experts, dans ces sortes de rapports, ont ordinairement quatre opérations à faire :

1° Déterminer la surface des terrains qui doivent contribuer aux dépenses et en fixer le périmètre ou la ligne de circonscription ;

2° Diviser ces terrains en diverses classes, suivant le plus ou moins de dangers auxquels ils sont exposés ;

3° Déterminer la proportion à établir entre ces classes ;

4° Estimer les terrains compris au périmètre, suivant leur produit ou leur véritable valeur.

§ 1er. — *Détermination du périmètre.*

Les digues sont faites pour protéger les propriétés contre les inondations, les corrosions ou irruptions des rivières, ruisseaux ou torrens. La manière de déterminer le périmètre des terrains imposables, varie suivant que les digues sont destinées à protéger les propriétés contre un, deux ou ces trois dangers à la fois.

Si les digues n'ont pour objet que de parer aux inondations, la manière de procéder est simple et il est facile d'éviter l'arbitraire.

Les experts commenceront par rechercher quelle est la hauteur à laquelle les eaux peuvent s'élever au-dessus des berges, dans les plus grandes crues ; ils s'en assureront en examinant les traces qu'ont pu laisser les derniers débordemens, et par les informations qu'ils pourront prendre sur les points où elles sont parvenues.

Une fois cette hauteur connue, une opération de nivellement indiquera la ligne de démarcation des plus grandes inondations, et c'est cette ligne qui formera le périmètre des terrains imposable ; il est évident que tous ceux qui seront au-delà, n'ayant rien à craindre, n'auront aucun intérêt à la construction des digues et ne devront pas y contribuer.

Mais si les digues sont destinées à défendre les propriétés, non-seulement contre les inondations, mais encore contre les corrosions qu'exercent la plupart des rivières et ruisseaux sur leurs bords, la détermination du périmètre devient plus difficile.

Les opérations de nivellement ne sont plus des guides sûrs à cet égard, et tel terrain qui, par son élévation, est parfaitement à l'abri des inondations, peut fort bien être emporté et détruit par l'effet des corrosions.

C'est alors les mouvemens habituels de la rivière, d'après sa position, la rapidité de son courant et les obstacles qu'elle peut rencontrer, ainsi que la nature du sol exposé à ses attaques, qu'il faut étudier pour déterminer la ligne où cesse le danger.

Si l'un des bords de la rivière est digué et que la digue soit en ligne droite, la rive opposée aura moins à craindre de ses divagations, et le danger diminuera plus rapidement à mesure qu'on s'éloignera du bord ; en effet, lorsqu'une rivière rencontre une digue d'une certaine étendue, en ligne droite, elle établit naturellement son cours au pied de cette digue, et ce n'est plus que par l'effet des grandes crues ou de quelque accident qu'elle endommage la rive opposée, et on a lieu de présumer que ces dégâts ne s'étendront pas passé une certaine distance qu'il est facile alors de déterminer, et au delà de laquelle le danger ne peut être que peu de chose, s'il ne cesse pas entièrement (1).

S'il n'y a, au contraire, aucune digue sur la rive opposé, le danger peut s'étendre et être très-réel à une beaucoup plus grande distance, il n'y a alors aucune raison pour dire qu'après avoir été très-longtemps sur une rive, elle ne se portera pas très au loin sur l'autre. Il ne lui faut pour cela que la rencontre d'un obstacle qui la force de changer son cours : un vieil enrochement, un terrain dur et solide, la chute de quel-

(1) Si les digues sur la rive opposée ne sont pas en ligne droite, si elles présentent des angles, des courbes plus ou moins fortes, des saillies ou éperons sur le lit de la rivière, on sera dans le cas d'en tirer des conséquences totalement différentes ; l'autre rive pourra alors être dans un danger très-réel, qui pourra s'étendre fort loin.

ques arbres dans son lit, le choc d'un ruisseau, un dépôt de gravier qu'elle aura fait, peuvent la rejeter de l'autre côté et la déterminer à y former des anses qui pourront s'étendre fort avant dans les terres; alors ses ravages ne cesseront que lorsqu'elle aura régularisé son cours dans cette nouvelle direction, et peut-être pour recommencer au premier jour, s'il survient quelque nouvel accident, à moins qu'elle ne rencontre quelque obstacle qui arrête son mouvement et la refoule sur l'autre rive.

Ce n'est plus l'élévation plus ou moins forte du terrain au-dessus de ses bords qui peut mettre un terme à ses ravages, mais bien sa nature plus ou moins facile à être corrodée (2).

Les rivières, en général, peuvent revenir dans tous les lieux où elles ont précédemment passé, ainsi, tous les terrains formés de leur dépôt doivent être compris dans le périmètre; ce sont d'ailleurs ceux dans lesquels les corrosions sont les plus faciles.

A l'égard des autres, c'est leur plus ou moins de cohésion, les obstacles que la rivière peut rencontrer pour les atteindre, qui peuvent les mettre à l'abri (3).

Les terres fortes et profondes, celles à bases argileuses ou marneuses, sont les moins sujettes aux corrosions.

On conçoit qu'il est une multitude de circonstances qui peuvent modifier les probabilités de corrosion, la rencontre d'un rocher, d'une ancienne chaussée ou de ses bases, celle du cours d'un torrent ou d'un ruisseau de nature à repousser le courant de la rivière, peut tout changer.

Ce n'est donc qu'à la suite d'observations nombreuses et attentives sur le cours de la rivière, sur les circonstances qui peuvent la porter à se jeter sur la rive que l'on veut défendre, et la nature du sol à protéger, que l'on peut déterminer le périmètre des terrains imposables.

---

(2) On a vu à Saint-Quentin, à deux myriamètres et demi de Grenoble, un hameau placé sur une élévation de près de 30 mètres au-dessus du niveau du lit de l'Isère, entièrement emporté en quelques mois. Le côteau qui fut ainsi corrodé par l'Isère est formé par un amas de gravier sans cohésion.

(3) Il arrive souvent que les dépôts d'une rivière sont recouverts par ceux d'un torrent ou d'un ruisseau, à une assez grande hauteur, alors, quelle que soit la nature du terrain formé par les dépôts du torrent ou du ruisseau, il n'est point à l'abri des corrosions, parce que la rivière, en s'approchant, rencontre toujours à son niveau ses dépôts primitifs et les emporte; elle creuse ainsi sous ceux du torrent ou ruisseau, qui s'éboulent et disparaissent comme les autres.

S'il s'agit de rivières ou torrens sujets à sortir de leurs bords et à se jeter sur les terrains riverains, en les couvrant de sables ou de graviers, comme ces sortes de rivières ou de torrens procèdent aussi par corrosions et par inondations, il faudra joindre aux observations dont nous avons parlé ci-dessus, les opérations du nivellement, et porter en première ligne, dans le périmètre, tous les terrains, quelle que soit leur nature, dont le niveau sera au-dessous ou le même que celui des berges de la rivière ou du torrent (4).

On conçoit que l'on ne peut avoir, pour ces sortes d'opérations, aucunes bases fixes et générales; tout varie suivant les localités et les circonstances.

Les experts doivent donc mettre les plus grands soins à rendre compte exactement de toutes les observations qu'ils auront faites, et bien faire connaître tous les motifs qui les auront déterminés.

§ 2. — *Du classement des propriétés imposables.*

Le périmètre des propriétés protégées par les digues une fois déterminé, il s'agit de répartir entre elles la dépense; on ne saurait le faire en les faisant payer également suivant leur étendue, car elles ne sont pas toutes exposées à un danger aussi éminent, aussi prochain; elles ne sont pas non plus toutes d'égale valeur, d'égal produit; d'après cela, la justice veut que la dépense soit répartie entre elles, d'après un rapport composé suivant le plus ou moins de dangers qu'elles courent, en suivant leur valeur respective.

Pour établir le rapport du danger, on divise les propriétés dans le périmètre, en un plus ou moins grand nombre de classes, suivant qu'on le trouve nécessaire pour se rapprocher le plus possible d'une exacte justice, et ce, d'après le plus ou moins de péril auquel on juge qu'elles sont exposées.

Mais comment reconnaître la différence du péril, comment déterminer les terrains qui doivent être placés dans la première, la deuxième ou la troisième classe, etc., et fixer les limites de ces classes entre elles?

Si la digue n'a pour objet que de mettre les propriétés riveraines à l'abri des inondations, on composera la première

---

(4) Ces sortes de rivières ou de torrens sont sujets à élever leurs lits rapidement, et il n'est pas rare de les voir plus élevés que la plupart des terrains environnans; alors le danger est éminent de toutes parts.

classe de tous les terrains que les eaux couvrent aux moindres débordemens; il sera facile de reconnaître la hauteur moyenne, au-dessus des berges, à laquelle arrivent les eaux dans ces inondations, et à l'aide du nivellement on connaîtra bientôt le périmètre de cette classe ; les autres seront ensuite déterminées suivant que les experts jugeront que les eaux peuvent varier quant à leur élévation dans les diverses crues, jusqu'à leur plus grande hauteur.

Mais si la digue doit tout à la fois défendre des corrosions et des débordemens, l'opération se complique et devient plus difficile ; nous pensons qu'il convient d'examiner d'abord quels sont les terrains qui sont sujets tout à la fois aux inondations et aux corrosions, et les classer de la manière dont nous venons de l'indiquer pour les terrains simplement submersibles, car il est naturel que les terrains les plus rapprochés de la rivière et les plus exposés aux inondations, soient aussi les plus sujets aux corrosions (5). Cependant, quand il s'agira d'établir le rapport des classes entre elles, on devra avoir égard à la différence de résistance que peut éprouver la rivière dans ses corrosions, suivant la nature des terrains et les obstacles qui peuvent s'opposer à son action.

A l'égard des terrains non submersibles, mais compris au périmètre comme susceptibles d'être corrodés, on en fera différentes classes particulières, suivant le plus ou moins de danger auquel on les jugera exposés.

Mais comment reconnaître la différence du danger ? c'est ici que la difficulté devient sérieuse, et on ne peut la lever qu'en suivant la méthode que nous avons indiquée pour fixer le périmètre des terrains sujets aux inondations.

Les experts doivent s'attacher à justifier autant que possible leurs opérations à cet égard ; car il faut en convenir, il est impossible ici d'échapper entièrement à l'arbitraire, et il est important que les experts démontrent que s'il ne leur a pas été possible de s'assurer d'une justice rigoureuse, ils ont du moins

(5) Il peut arriver qu'assez loin en arrière des berges il existe des bas-fonds que les moindres débordemens submergent, tandis que des terrains beaucoup plus rapprochés de la rivière, et par suite plus exposés aux corrosions, ne soient que rarement inondés, à cause de leur élévation ; comment classer ces deux espèces de terrains? nous n'hésitons pas à dire qu'on doit les mettre les uns et les autres dans la même classe, parce que si les uns, à raison de leur proximité de la rivière, sont emportés les premiers, les autres seront en même temps continuellement submergés.

fait tout ce qui était en leur pouvoir pour s'en rapprocher le plus possible.

Nous ferons observer que s'il s'agit d'une rivière ou d'un torrent qui procède par irruption, il conviendra d'étendre beaucoup plus les première et deuxième classes, car la différence de l'éloignement devient souvent indifférente par rapport au danger; en effet, les terrains les plus éloignés sont souvent aussi exposés et même plus que ceux situés sur les bords de la rivière ou du torrent; il suffit pour cela qu'ils soient plus bas ou seulement au même niveau que les berges (6).

On conçoit que dans ces sortes de cas les opérations de nivellement pour déterminer les classes sont indispensables; mais les experts ne doivent jamais négliger de les combiner avec les résultats des observations qu'ils ont dû faire sur le cours de la rivière, les obstacles qu'elle peut rencontrer, et la nature du terrain à protéger.

§ 3. *Etablissement du rapport des classes entre elles.*

Ce rapport doit nécessairement être établi suivant la différence du plus ou moins de danger auquel les classes sont exposées; mais comment déterminer les divers degrés de cette différence? S'il s'agit de digues destinées à prévenir les inondations, on pourra examiner combien de fois chacune des classes peut être submergée dans un temps donné, et établir le rapport d'après cette base. Ainsi, si l'on reconnait qu'en dix ans la première classe peut être inondée dix fois, la deuxième cinq, la troisième trois, et la quatrième une fois seulement, on pourra baser le rapport sur cette progression. Ainsi le total des termes de chaque classe étant de dix-neuf, chaque classe sera en raison du danger, à la surface totale du périmètre, comme le terme de son rapport est à dix-neuf; c'est-à-dire que

(6) En 1816, le Drac (torrent près de Grenoble) rompit ses digues des deux côtés, presque à la même hauteur; sur la rive gauche, il couvrit toute la plaine des communes de Fontaine et de Sassenage, dans une largeur de plus de deux mille mètres; sur la rive droite, il se répandit tout aussi loin et vint se frayer, à quelque distance des remparts de la ville, un nouveau lit, à travers les jardins et les bâtimens qu'il emporta. Il fut démontré que, suivant le point d'où pourraient partir ses irruptions à venir, elles pourraient s'étendre beaucoup plus loin encore, et que toute la plaine de Grenoble et des communes environnantes était exposée à ses ravages, ce qui mit dans le cas de faire un nouveau classement et d'étendre singulièrement le périmètre.

si tout le périmètre doit payer dix-neuf, la première classe payera dix, la deuxième cinq, la troisième trois, et la quatrième un.

On voit qu'au moyen du nivellement et des renseignemens que l'on peut se procurer sur la fréquence des inondations et leur étendue, il est facile d'établir le rapport des classes entre elles. Ce rapport peut cependant être modifié suivant la nature des terrains et celle de leur culture. En effet, si la première classe est un marais ne produisant que des bauches, une inondation chaque année lui fera vraisemblablement moins de mal qu'une seule en dix ans n'en fera à la quatrième, si les terrains qui la composent sont cultivés en chanvre, blé ou autre denrée. C'est aux experts à apprécier ces circonstances et à se décider en conséquence.

Mais si les digues ont pour objet de défendre en même temps contre les corrosions, il faudra d'abord examiner les terrains qui se trouveront tout à la fois sujets aux inondations et aux corrosions; il est évident qu'exposés à un double danger, ils devront payer dans une proportion double des autres, et l'on pourra faire la répartition entre les classes qui les comprendront de la manière dont nous l'avons indiqué ci-dessus. Cependant on devra avoir égard à tout ce qui peut présenter des obstacles aux corrosions, et est de nature à en retarder les effets; car, si d'après sa position et la nature de son terrain, on juge qu'une classe ne sera sujette à être emportée que dans dix, quinze ou vingt ans, il est évident que la proportion devra être pour elle beaucoup plus faible que pour celle que l'on reconnaîtra devoir être emportée dans un, deux ou trois ans, et l'on pourra partir de ces différences pour établir le rapport des classes entre elles.

Si c'est contre les irruptions que l'on a à se défendre, toutes les bases changent, ce sont des faits totalement différens que l'on a à examiner. En effet, les terrains les plus bas seront naturellement ceux qui seront les premiers ravagés; cependant ce n'est pas toujours certain, car cela dépendra souvent du point où la rivière commencera à sortir de son lit; il peut se trouver tel, que ce soit les terrains les plus élevés qui soient les premiers envahis. Le premier soin doit donc être d'étudier quel était l'état du lit de la rivière, avant la construction de la digue, pour juger quels étaient les terrains menacés par la première irruption, et quel était le plus ou moins de danger que les autres avaient à courir par suite de cette première irruption. Si, d'après l'état du lit de la rivière ou du torrent, il pa-

E 6

rait évident que les premières irruptions auraient porté sur les terrains les plus bas, on aura à examiner quel aurait pu être le temps présumable que la rivière aurait mis à élever ces terrains au niveau des autres, parce que ce n'est qu'alors que ces derniers auraient commencé à être réellement exposés; et l'on pourra partir de là pour établir la différence des rapports entre les classes (7).

Dans tout ce que nous avons dit, nous n'avons nullement en vue de tracer des règles générales pour les diverses opérations que les experts ont à faire dans ces sortes de cas, mais seulement d'indiquer les principaux objets sur lesquels ils doivent porter leur attention pour fixer leur opinion. Beaucoup de personnes ont cherché à se faire des règles générales d'où elles pussent partir pour les cas les plus ordinaires; mais toutes ont reconnu que cela était en quelque sorte impossible, et ont convenu qu'il fallait s'attacher à rechercher les probabilités indiquées par les localités, les faits et l'observation. Cependant une personne dont les connaissances et l'expérience rendent l'opinion extrêmement recommandable, a adopté une méthode qui lui sert de guide dans la plupart de ses opérations pour les classemens des terrains exposés simplement aux corrosions; nous croyons utile de la faire connaître.

Elle part d'un principe de mathématiques, et par conséquent certain, et elle dit : soit la ligne *A C* (voir la deuxième planche) faisant partie de la ligne *a d*, au bord de la rivière, sur lequel la digue est établie pour protéger le terrain *a b c d* des corrosions. *A C* sera donc immédiatement à l'extrémité du terrain le plus exposé, et, par conséquent, le plus intéressé à la construction de la digue, et la ligne *b c* séparera le terrain le moins exposé de celui qui n'a aucun intérêt aux travaux.

Pour juger de l'intérêt des classes que l'on fera du terrain imposable, on trace les lignes *A B* et *C B* qui, avec la ligne *A C*, forment un triangle dont le point *B* est le sommet sur la ligne

---

(7) Nous devons convenir néanmoins que c'est ici un fait très-difficile à apprécier; car il peut arriver que, dès la première irruption, les dépôts comblent toutes les parties basses et portent leur niveau au-dessus de celles qui étaient les plus élevées auparavant; comme aussi cela peut fort bien n'arriver qu'à la suite d'un grand nombre d'irruptions; tout dépend de la plus ou moins grande masse de pierres, sables ou graviers que la rivière est dans l'habitude de charrier, lors de ses irruptions; c'est ce dont les experts pourront s'instruire en examinant les anciens dépôts, et par les renseignemens qu'ils recueilleront sur les lieux.

Page 108.

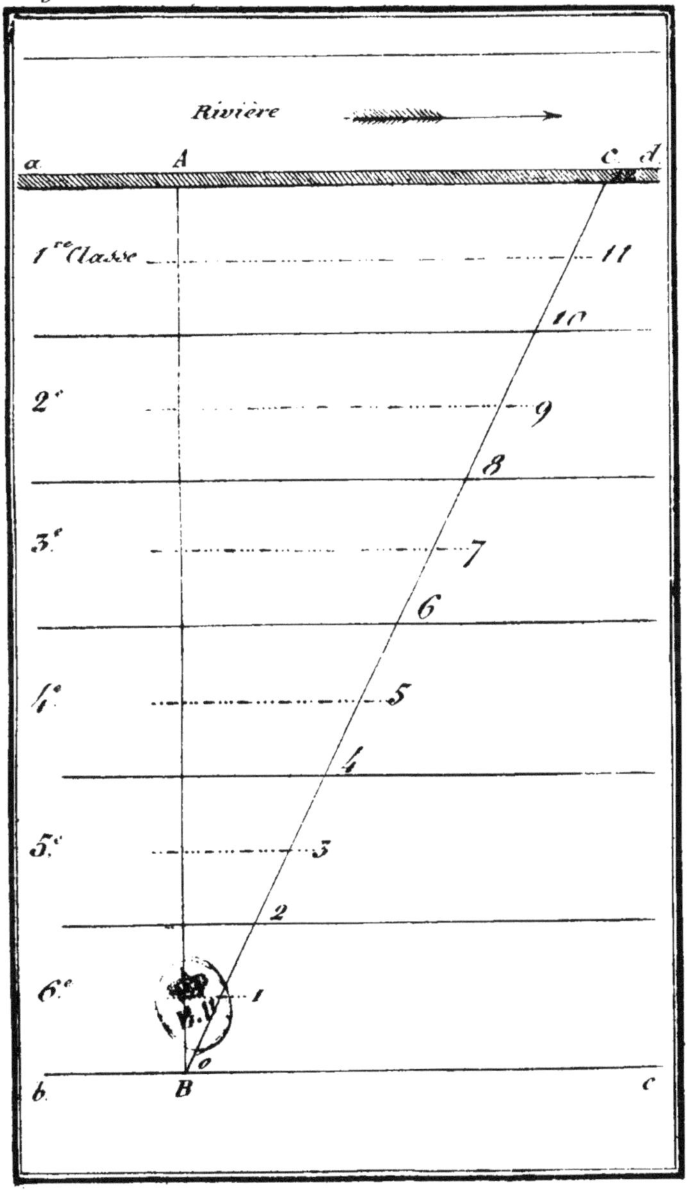

Rivière

a A C d

1re Classe 11

10

2e 9

8

3e 7

6

4e 5

4

5e 3

2

6e 1

o

b B c

b c. Nous disons que l'intervalle compris entre ces deux lignes *A B* et *C B* indique à chaque point de leur longueur, l'intérêt des points correspondant sur le terrain à la construction des travaux. En effet, aux points *A C* l'intérêt est le plus grand, et il diminue progressivement jusqu'au point *B* où il cesse entièrement.

Supposons que l'on divise le terrain imposable en six classes de largeur égale, au moyen de lignes parallèles au bord de la rivière, il est évident que les lignes qui partageront ces classes en deux parts, aussi égales en largeur, indiqueront le terme moyen de chaque classe ; si, maintenant, partant du point *B* qui est le point de zéro, c'est-à-dire celui où cesse l'intérêt, on désigne toutes ces lignes par les chiffres 1, 2, 3, 4, 5, 6, 7, 8, 9, 10, 11 et 12, les chiffres 1, 3, 5, 7, 9 et 11 indiquent le terme moyen de l'intérêt de chaque classe et la progression que suit cet intérêt. Ainsi, on dit que la 1re classe est à la 2e, la 2e à la 3e, la 3e à la 4e, la 4e à la 5e, la 5e à la 6e, comme 11 . 9 . 7 . 5 . 3 . 1. En conséquence, la somme totale de ces chiffres qui est de 36 représentant l'expression de la totalité de l'intérêt de tout le périmètre, la 1re classe payera 11, la 2e 9, la 3e 7, la 4e 5, la 5e 3, et la 6e 1 (8).

Cette manière de procéder exige nécessairement le concours de trois conditions essentielles, 1° que le cours de la rivière soit régulier ; 2° que tout le terrain imposable soit homogène, c'est-à-dire également susceptible dans toutes ses parties à l'action de la rivière, quand elle les atteindra ; 3° qu'il n'existe sur toute la surface du terrain aucun accident, aucune construction, aucun établissement de nature à déranger le cours des eaux ; d'en arrêter, ralentir ou accélérer l'effet.

Toutes les fois que ces trois conditions existeront, on pourra toujours diviser le terrain imposable de la manière ci-dessus indiquée, en autant de classes que l'on jugera convenable, leur degré d'intérêt se trouvera toujours exprimé par la progression arithmétique des nombres impairs : 1 . 3 . 5 . 7 . 9 . 11 . 13, etc., suivant le nombre des classes, en prenant toujours le plus fort nombre pour la première classe et en renversant la progres-

(8) On sent que l'étendue des classes en longueur est tout-à-fait indifférente ; que peu importe qu'elles soient ou non égales sous ce rapport ; que peu importe aussi que la ligne *b c* soit parallèle ou non avec le bord de la rivière et les autres lignes divisionnelles des classes, il suffit que le point *B* soit pris au point de la ligne *b c* le plus éloigné, perpendiculairement du bord de la rivière ou de la ligne *a d*.

sion. Lorsque le terrain sera d'une grande largeur, plus on multipliera les classes, plus on sera certain d'approcher d'une exacte justice. Mais, si l'une des trois conditions dont nous venons de parler manque, il faudra nécessairement modifier la progression suivant que l'indiqueront les circonstances et les localités.

§ 4. *De l'estime des terrains imposables.*

L'estime des terrains imposables doit avoir lieu suivant leur produit et leur valeur, sans égard à la classe dans laquelle ils se trouvent placés.

Comme ce n'est ici que des termes de comparaison que l'on cherche pour la répartition de la dépense, on s'attache simplement à rechercher le vrai produit des immeubles et à établir leurs revenus nets, parcelle par parcelle, suivant leur nature de culture.

S'il se trouve dans le périmètre, des bâtimens, jardins, lieux de plaisance et autres objets qui, sans produit réel, n'en donnent pas moins une plus-value aux immeubles, on recherche quelle peut être cette plus-value, et on porte en revenu net le produit présumé de cette plus-value comme si elle existait réellement en immeubles (9).

S'il se rencontre sur le terrain imposable des usines ou des établissemens industriels, on en calcule le produit net, distraction faite de toutes les dépenses et charges annuelles (10).

Si, parmi les terrains, il y en a de reconquis sur le lit de la rivière, ou qui n'étant que sable ou gravier, ou constamment submergés, avant la confection de la digue, sont, en l'état, sans produit, il faudra examiner de quel genre d'amélioration ils peuvent être susceptibles, dans combien de temps ils pourront donner un produit quelconque, et prendre ensuite un

---

(9) C'est-à-dire que l'on en calculera l'intérêt au 4 et demi, 4. 3 et demi ou 3 pour cent, suivant que sera dans la contrée le produit des immeubles comparés avec leur valeur vénale.

(10) On dira peut-être qu'il faudrait faire la part de l'industrie et la retrancher du produit; mais la destruction des établissemens entraîne ordinairement celle de l'industrie; et, dans le cas où elle pourrait être transportée ailleurs, il faudrait faire le calcul des frais de déplacement et ceux des nouvelles constructions qui seraient nécessaires; ce qui, en définitive, finirait par donner le même résultat.

terme moyen pour leur assigner un revenu net. Car il serait injuste que celui qui, par suite des ravages de la rivière, avait dans le fait perdu sa propriété, la recouvra par l'effet de la digue, sans rien payer.

Une fois ces diverses opérations terminées, la répartition de la dépense n'est plus qu'une opération d'arithmétique basée sur le rapport combiné de la proportion existante entre les classes avec les estimes des terrains qu'elles comprennent.

CHAPITRE XV.

Des rapports sur des matières de servitude, de passage, d'aqueduc, etc.

Les tribunaux ordonnent ordinairement des rapports sur ces sortes de matières dans le but principal et souvent unique de s'éclairer sur l'état des localités ou des objets en litige, et voir les conséquences que l'on peut en tirer à l'égard des droits des parties (1).

— En conséquence, les experts doivent décrire avec la plus grande attention et le plus grand soin les objets en litige, énoncer exactement les dimensions, les distances, etc.; et ne jamais hasarder des opinions arbitraires, sans craindre la prolixité. —

— S'ils mesurent, par exemple, un volume d'eau, ils doivent expliquer de quelle manière ils l'ont évalué, car on sait l'énorme différence de l'eau forcée à celle qui coule librement; on sait que plus elle a de pente et plus elle est resserrée, moins elle fait de volume. Ainsi en rapportant qu'il y a un tel volume d'eau, ils doivent s'expliquer sur l'inclinaison et la forme du canal où elle coule naturellement, ou du canal factice dans lequel ils l'ont fait couler pour la mesurer (2). Alors le juge sera en situation par des calculs connus, d'en fixer le vrai volume et de prononcer sa sentence en connaissance de cause. —

— S'ils font des nivellemens, ils ne doivent pas se borner à exprimer la comparaison des deux endroits les plus éloignés,

(1) Les trois passages qui suivent sont extraits du chapitre VII de M. Grand-Thoranne.

(2) On est dans l'usage d'indiquer la force d'un volume ou cours d'eau, par la quantité qu'il en peut fournir dans un temps donné ; ainsi, les experts pourront dire que le volume d'eau passant par un canal d'un décimètre carré, et ayant une pente de cinq centimètres par mètre, donne tant d'hectolitres d'eau par minute, suivant l'expérience qu'ils en auront faite.

On désigne sous le nom de *Pouce-fontainier*, un courant d'eau qui donne quatorze litres d'eau par minute; c'est de cette mesure dont on se sert habituellement pour la répartition de l'eau entre les fontaines fluantes et indiquer leur volume.

ils doivent marquer sur la ligne qu'ils ont parcourue, les pentes et contre-pentes des différens points intermédiaires qui peuvent être essentiels, etc. —

Nous n'ajouterons rien à ce qu'a dit M. Grand-Thoranne sur ces sortes de rapports ; parce que la plupart exigent chez les experts des connaissances spéciales qui nous sont étrangères, et dans les détails desquelles il serait trop long d'entrer. C'est aux juges ou aux parties à choisir des experts en conséquence. Au reste, le peu qu'a dit M. Grand-Thoranne suffit pour éclairer les experts sur la manière dont ils doivent procéder dans ces sortes de cas.

CHAPITRE XVI.

Estimation d'ouvrage (1).

— C'est peut-être le genre de rapport d'experts qui exige le plus d'application pour obvier, autant qu'il est possible, à un arbitraire ruineux pour les personnes qui se trouvent livrées à la cupidité des ouvriers de toute espèce ; les juges ne doivent donc pas omettre d'ordonner aux experts de donner les détails et les motifs de leur opinion sur les valeurs. —

— S'il s'agit, par exemple, d'ouvrage de construction, ils doivent mesurer et faire le calcul des *mètres* carrés de la taille et de la molasse, expliquer ce que la pierre coûte par chaque *mètre*, aux carrières, combien le travail de l'ouvrier et le prix des voitures, en raison de l'éloignement. Alors ni la partialité ni la mauvaise foi ne pourront se cacher sous le voile du mystère et dans l'obscurité d'une estimation arbitraire, parce que chacun peut savoir quels sont les prix, et qu'on peut les établir par témoins. —

— Il en est de même de la maçonnerie, de la charpente, de la menuiserie, etc. Les experts doivent décomposer ces ouvrages autant qu'il est possible, donner la quantité et le prix des matériaux qui y entrent, et y ajouter le salaire de l'ouvrier. Je sens que, malgré ces précautions, on ne pourra pas entièrement prévenir la partialité et l'injustice dans cette espèce de rapport, mais du moins on en diminuera beaucoup les effets. —

Nous ferons observer, qu'en se conformant à ce qu'indique M. Grand-Thoranne, soit que le jugement le leur prescrive ou non, les experts ne feront que satisfaire à ce que leur commande l'honneur, la probité et leur propre considération ; ils se mettront ainsi à l'abri du reproche que l'on fait aux personnes du même état, de se favoriser réciproquement au préjudice des particuliers qui les emploient.

---

(1) Ce chapitre est extrait du chap. VII de M. Grand-Thoranne, seulement on substitue le mot mètre aux mots pied et toise.

CHAPITRE XVII.

Des estimations d'engrais.

Des difficultés, parfois fort sérieuses, s'élèvent souvent lors des changemens de fermiers, au sujet des engrais que le fermier sortant laisse dans les terres. Comment apprécier ce que l'on ne saurait voir, ce qui, en quelque sorte, ne peut être saisi par aucun de nos sens ?

Quelle marche, en pareil cas, prendront les experts, non pas pour parvenir d'une manière certaine à la vérité, mais du moins pour avoir la conviction de s'en être approchés ?

Quelques personnes se sont fait des tarifs d'où elles partent indistinctement dans toutes leurs opérations ; elles supposent que les engrais durent un certain nombre d'années, trois, quatre ou cinq ans, c'est-à-dire que l'on peut prendre trois, quatre ou cinq récoltes de différens genres, mais allant toujours en diminuant, sur le même engrais, et que pour engraisser une certaine étendue de terrain, il faut telle quantité de fumier, de telle ou telle valeur ; elles disent ensuite qu'après la première récolte, il ne reste que pour tant d'engrais, après la seconde, que pour tant, etc.; de telle sorte qu'il leur suffit de savoir l'époque où les engrais ont été versés sur le terrain, pour que leurs opérations soient à peu près toutes faites.

Il n'est pas besoin de faire de longues réflexions pour voir tout ce que cette méthode a d'arbitraire ou de vicieux ; qu'est-ce qui peut garantir aux experts qu'à l'époque où les engrais ont été versés, il en a été mis une quantité suffisante pour durer trois, quatre ou cinq ans ; que cet engrais était de telle valeur plutôt que de telle autre ; que d'après la nature du sol, il doit bien durer le nombre d'années déterminé ? S'en rapporteront-ils aux dires du fermier sortant ? mais malheureusement la bonne foi est bien rare en pareil cas, et nous pouvons, sans trop hasarder, dire que la mauvaise foi peut, contre la règle, être presque toujours présumée (1).

(1) Cela est si vrai, qu'il est même certains fermiers qui font de ces sortes de choses des spéculations ; on en a vu se plaindre amèrement de ce qu'on leur avait donné trop tard leur congé, et qu'ils n'avaient pas eu le temps de verser des engrais, comme ils l'auraient fait s'ils eussent été prévenus plus tôt qu'ils quitteraient la ferme.

Voici, suivant nous, la marche que doivent suivre les experts pour se rapprocher le plus possible de la vérité et de la justice.

Ils commenceront par faire expliquer le fermier sortant sur la quantité d'engrais qu'il prétend exister dans les fonds de la ferme; ils se feront conduire sur chacun d'eux, les mesureront, demanderont depuis combien de temps ils ont été fumés, quel genre de récoltes on y a perçues (2), quel nombre de bestiaux le fermier a tenu habituellement dans la ferme; s'il a acheté des engrais, à quelles époques, de quelle nature, en quelle quantité et de quelles personnes?

Ils entendront ensuite les observations du propriétaire ou du fermier entrant, sur les dires du fermier sortant.

Il s'agira, après cela, de vérifier les faits posés par les uns et les autres.

Pour cela, ils s'assureront de l'étendue de prairies naturelles ou artificielles existantes dans la ferme; de la quantité de trèfle, maïs pour fourrages, poisettes, betteraves, turneps, etc., que le fermier a pu faire tous les ans; de la quantité de paille, chaume, feuillages, bauches et autres litières qu'il a pu recueillir annuellement, ce qui les mettra à même d'apprécier le nombre des bestiaux de tous genres que le fermier a pu tenir habituellement, de juger de la quantité d'engrais qu'ils ont pu produire, et de l'étendue de terrain que l'on a pu fumer chaque année (3). La combinaison de cette étendue, avec la durée présumée des engrais, les mettra à même d'apprécier s'il peut encore s'en trouver dans les fonds (4), et si le fermier a pu être dans la nécessité d'en acheter.

Si les experts jugent que le fermier a dû acheter des engrais, ou qu'il soit prouvé ou convenu qu'il en a acheté, les experts auront à prendre sur les lieux des informations aussi exactes que possible sur la quantité, la qualité et le prix des engrais achetés chaque année; pour peu qu'ils mettent de soin dans

---

(2) On sait qu'il en est qui épuisent les engrais beaucoup plus que d'autres.

(3) Il n'y a que l'expérience et les connaissances spéciales et locales des experts qui puissent les mettre à même d'apprécier ce fait, ainsi que celui de la durée des engrais.

(4) L'examen de la végétation des plantes, dans les divers fonds de la ferme, pourra aussi être utile aux experts. Il est certain que dans les terrains gras et nouvellement fumés, elles auront beaucoup plus de vigueur que dans les terrains maigres.

Le produit des récoltes des années précédentes n'est point non plus à négliger, l'expérience et l'habitude que les experts peuvent avoir à cet égard, peut les mettre à même de porter des appréciations assez exactes.

cette recherche, ils parviendront facilement à connaître, à peu de chose près, la vérité, car ce sont des faits qui ne peuvent rester cachés, et trop de personnes sont à portée d'en avoir connaissance, pour qu'il n'y en ait pas quelqu'une qui donne des renseignemens exacts, ce qui leur sera facile d'apprécier.

Tous ces faits connus, les experts examineront quel genre de récoltes pourraient encore venir la 2e, 3e ou 4e année de l'engrais, et quel serait leur produit, et ils détermineront la quantité d'engrais qui peut encore exister, par celle qu'ils jugeront qu'il faudrait verser sur un terrain entièrement maigre, mais non complétement épuisé, pour obtenir les mêmes récoltes.

Ce n'est que par la combinaison de tous les faits et de toutes les circonstances dont nous venons de parler, ainsi que de beaucoup d'autres qu'indiquent les localités et les usages, que les experts peuvent espérer d'approcher de la vérité et de la justice. Ils ne doivent rien négliger, en rédigeant leur rapport, pour démontrer qu'ils ont fait tous leurs efforts pour parvenir à ce but.

Nous terminerons ce chapitre en signalant un abus dont beaucoup de propriétaires ont été les victimes.

Lorsqu'un fermier est riche, que les terres de la ferme sont fertiles, que le prix de ferme est modéré, il se plaît à y verser des engrais en grande quantité, d'autant plus qu'il y trouve un bénéfice considérable, au point qu'à la fin du bail, le propriétaire ne peut plus trouver de fermier assez riche pour prendre la place de l'autre, à cause des remboursemens énormes qu'il est en droit d'exiger, et si le propriétaire veut les faire lui-même, il se voit dans le cas de racheter en quelque sorte sa propriété. Ainsi, le fermier qu'on voudrait expulser, trouve le moyen de se perpétuer à sa volonté et à jamais dans la ferme, ce qu'il est chaque jour mieux en état de faire (5).

On ne peut parer à cet inconvénient, qu'en stipulant dans les baux à ferme, que le fermier ne pourra, à la fin de son bail, réclamer au-delà d'une somme déterminée pour les engrais qu'il justifiera être en terre (6).

---

(5) On a vu aux Granges, près Grenoble, des fermiers demander jusqu'à 30,000 francs pour les engrais qu'ils disaient avoir mis en terre et y exister : ils justifiaient même leurs prétentions d'une manière satisfaisante. On ne put lever la difficulté qu'en décidant que les fermiers continueraient à jouir de la ferme pendant un certain temps, durant lequel ils épuiseraient les engrais dont ils réclamaient le remboursement.

(6) A l'égard des détournemens d'engrais et des détériorations que les fermiers peuvent commettre, voyez le chapitre 8 des améliorations et détériorations.

CHAPITRE XVIII.

De la manière dont les experts doivent procéder à la mensuration des terres (1).

De quelle manière les experts doivent-ils procéder à la mensuration des terres? Est-ce en relevant simplement les bases horizontales? ou bien en prenant le développement des pentes et en mesurant à la chaîne traînante ?

Cette question, très-intéressante pour les experts qui ont dans presque tous leurs rapports des contenances de terre à indiquer et qu'il leur faut en conséquence mesurer, a été vivement discutée par divers auteurs, et souvent jugée, tantôt dans un sens et tantôt dans l'autre, par les tribunaux.

M. Grand-Thoranne, dans une brochure qu'il publia en même temps que ses observations sur les rapports d'experts, se prononce très-fortement en faveur de la méthode par le développement des pentes des terrains, et veut qu'on laisse celle par les bases horizontales, aux ingénieurs-géographes et que l'on ne s'en serve que quand on voudra savoir quelle quantité de bâtimens on peut construire sur un terrain quelconque. Les raisons qu'ils donnent à l'appui de son opinion sont presque toutes fortes et justes, mais il nous semble que les conséquences qu'il en a tirées ne sont pas toutes exactes : quelles qu'elles soient, l'opinion contraire paraît aujourd'hui avoir prévalu, surtout depuis la confection du cadastre.

Quant à nous nous pensons que cette question ne saurait être résolue d'une manière absolue et que les experts doivent procéder par l'une ou par l'autre de ces méthodes, suivant les cir-

(1) L'objet de ce chapitre se rattache aux principes généraux que les experts ont à observer, il aurait donc dû être placé à la suite du chapitre 4. mais comme il s'applique plus particulièrement à ce qui a fait la matière des chapitres qui précèdent, les partages, les emplacemens de titres, les reconnaissances et plantations de limites, les cantonnemens, l'estimation des bois, etc., nous avons cru devoir le placer à leur suite, d'autant mieux qu'après les avoir lus, il sera beaucoup plus facile de comprendre celui-ci, et de faire l'application des principes qu'il contient.

constances et la nature des opérations qu'ils auront à faire.

S'ils sont chargés de lever un plan géométrique, ils ne peuvent procéder que par les bases horizontales, autrement ils n'en viendraient jamais à bout, à moins que le terrain ne fut, sur toute son étendue, parfaitement de niveau ; c'est ce qu'il n'est pas nécessaire de démontrer.

S'ils ont des titres à emplacer ils feront attention à leur plus ou moins grande ancienneté (2) ; ils rechercheront quelle méthode de mensuration a dû être employée pour avoir la contenance que ces titres indiqueront, et ils emploient dans leurs opérations la même méthode, autrement ils pourraient tomber dans les erreurs les plus graves. Et en effet, si la première mensuration a été faite d'après les bases horizontales, et qu'ils mesurent par les développemens des pentes, la contenance qu'ils obtiendront, quoique égale en chiffre à celle des titres, sera réellement beaucoup moindre, car la surface des pentes est toujours plus forte que celle de leur base (3).

Si au contraire la première mensuration a eu lieu suivant le développement des pentes, et que l'on mesure par les bases horizontales, on aura un résultat beaucoup plus considérable que la contenance indiquée (4).

Il faut donc s'astreindre dans ces sortes de cas à suivre la méthode employée à l'époque des titres à emplacer. Cependant il est une circonstance à laquelle les experts doivent bien prendre garde, les contenances mesurées d'après le développement des pentes sont sujettes à diminuer, les terres peuvent s'être affaissées ou éboulées, surtout si ce sont des terrains cultivés, la rapidité des pentes et par suite leurs surfaces avoir ainsi diminué (5). C'est pour cette raison que dans les terrains fortement inclinés on ne peut jamais retrouver la contenance pri-

---

(2) Si les titres remontent antérieurement à 1750, on peut regarder comme certain que les mensurations faites pour connaître les contenances énoncées ont eu lieu d'après le développement des pentes.

(3) Exemple. — Les titres indiquent une contenance d'un hectare, prise horizontalement ; cet hectare pourra fort bien, si l'on mesure le développement des pentes dont il est la base, donner un hectare et demi : ainsi, si l'on mesure sur les pentes, simplement un hectare, on aura évidemment un demi hectare de moins que n'indiquent les titres.

(4) En effet, un hectare mesuré horizontalement pourra donner sur la pente un hectare et demi.

(5) On peut voir à ce sujet ce que M. de Buffon et d'autres auteurs ont dit sur l'abaissement des montagnes.

mitive quand elle a été mesurée d'après le développement des pentes. Ainsi, si l'on veut avoir une contenance fixe et invariable, il faut toujours mesurer d'après les bazes horizontales qui ne changent jamais.

Lorsque les experts auront procédé à une plantation de limite, et sur un plan incliné, qu'ils voudront, dans leur procès-verbal, en indiquer la position et les distances de l'une à l'autre, nous pensons qu'ils feront bien de donner tout à la fois les distances par la base horizontale et celles résultantes du développement de la pente. Cela pourra, au besoin, en faciliter singulièrement la recherche et la découverte, et donner le moyen de faire retrouver aisément l'emplacement des lieux.

A l'égard de l'influence que la manière de mesurer peut avoir sur les estimations, nous ne contesterons point à M. Grand-Thoranne, non plus qu'à M. Bernardin de St-Pierre (6), qu'il

---

(6) Voici le passage de M. Bernardin de St-Pierre, ETUDES DE LA NATURE, pag. 345, tom. 1er, edition de 1809.

« Il n'y a pas de vérité à supposer qu'elles (les plantes) s'élèvent en ligne » perpendiculaire, et qu'elles sont déterminées à cette direction par l'action » des colonnes de l'air. Quelques-unes, a la vérité, la suivent, comme le sapin, » l'épi de blé, le roseau, mais un bien plus grand nombre s'en écarte, tels que les » volubilis, les vignes, les liannes, les haricots, etc. D'autres montent verticalement, et étant parvenues à une certaine hauteur, en plein air, sans éprouver aucun obstacle, se fourchent en plusieurs tiges et étendent horizontalement leurs » branches comme les pommiers; ou les inclinent vers la terre comme les sapins, ou les creusent en forme de coupe, comme les sassafras; ou les arrondissent en tête de champignon comme les pins; ou les dressent en obélisque » comme les peupliers; ou les tournent en laine de quenouille comme les bouleaux; toutes ces attitudes se voient sous le même rumb de vent: Il y en a » même qui adoptent des formes auxquelles l'art des jardiniers auraient bien » de la peine à les assujettir. Tel est le badamier des Indes, qui croît en pyramide comme le sapin et la porte, divisée par étage comme un roi d'échecs. » Il y a des plantes très-vigoureuses qui, loin de suivre la ligne verticale, » s'en écartent au moment même où elles sortent de terre. Telle est la fausse » patate des Indes, qui aime a se traîner sur le sable des rivages des pays » chauds, dont elle couvre des arpens entiers. Tel est encore le rotin de la » Chine, qui croît souvent aux mêmes endroits. Ces plantes ne rampent point » par faiblesse. Les scions du rotin sont si forts que l'on en fait à la Chine des » câbles pour les vaisseaux; et lorsqu'ils sont sur la terre, les cerfs s'y prennent tout vivans sans pouvoir s'en dépêtrer. Ce sont des filets dressés par la » nature. Je ne finirais pas si je voulais parcourir ici les différens ports des » végétaux; ce que j'en ai dit, suffit pour montrer qu'il n'y en a aucun qui » soit dirigé par la colonne verticale de l'air. On a été induit à cette erreur, » parce qu'on a supposé qu'ils cherchaient le plus grand volume d'air, et cette

doit

doit croître plus de plantes sur la pente d'une montagne qu'il n'en pourrait venir sur l'espace occupée par sa base, et que, sous ce rapport, on s'expose à commettre de très-grandes erreurs, si après avoir mesuré par les bases horizontales on estime à tant la mesure les terrains situés sur des pentes comme ceux qui se trouvent en plaine ; et, en effet, si après avoir mesuré par les bases horizontales on a une contenance de quatre hectares, dont deux sont en plaine, et que les deux autres forment la base d'une partie de l'héritage qui se trouve située sur la pente d'une montagne, assez rapide pour que par son développement cette partie de l'héritage présente une surface réelle de trois hectares, et qu'on estime ensuite ces quatre hectares à raison de tant l'un comme s'ils étaient tous en plaine, il est évident que l'estimation des deux de la montagne sera beaucoup trop basse, surtout si le terrain en est parfaitement de même qualité que celui des deux de la plaine ; car chaque hectare sera réputé d'un produit égal ; ce qui ne sera pas, puisque les deux hectares de la montagne présentant une surface réelle de trois, donneront le produit de trois et non pas de deux seulement (7).

C'est de ce fait bien certain que M. Grand-Thoranne est parti pour proscrire la méthode planimétrique ou de mensuration par les bases horizontales.

Quelque justes que soient ses observations, nous n'en tireront pas tout à fait les mêmes conséquences que lui ; nous pensons que les avantages et même la nécessité d'indiquer des contenances invariables jointes à l'impossibilité de faire un plan géométrique en mesurant suivant les pentes du terrain, obligent les experts à faire leur mensuration d'après les bases horizontales et non pas suivant le développement des pentes ; mais

---

» erreur de physique en a produit une autre en géométrie, car, dans cette supposition, ils devraient se jeter tous à l'horizon, parce que la colonne d'air » y est beaucoup plus considérable qu'au zénith. Il faut de même supprimer » les conséquences qu'on en a tirées et qu'on a posées comme des principes de » jurisprudence pour le partage des terres dans des livres vantés de mathématiques, tel que celui-ci, *qu'il ne croît pas plus de bois ni plus d'herbes sur* » *la pente d'une montagne qu'il n'en croîtrait sur sa base.* Il n'y a pas de bûcheron, ni de faneur qui ne vous démontre le contraire par l'expérience. »

(7) Nous supposons ici que le produit de l'hectare est calculé sur les deux de la plaine, parce que s'il l'était sur les deux de la montagne qui présentent un développement de trois, il est évident que l'estimation de ceux-ci serait juste, mais celle des deux de la plaine serait beaucoup trop élevée, car elle serait basée sur le produit de trois.

si, après avoir opéré ainsi, ils s'aperçoivent qu'il existe entre l'étendue de la base et celle que présente la surface réelle du terrain une différence de quelque importance, ils devront s'en assurer et la faire connaître dans leur rapport, en expliquant l'influence que cette circonstance pourra avoir dans leurs estimations, et les modifications qu'elle pourra les obliger d'y faire, et ce, article par article, des terrains à estimer, en distinguant avec soin ceux en plaine d'avec ceux situés sur des pentes plus ou moins rapides (8).

C'est surtout dans les pays de montagnes et de côteaux que les experts doivent prendre garde à ces différences ; à l'égard des prairies, la plupart des plantes qui les composent suivent, dans leur croissance, la pente du terrain, surtout si l'exposition en est au midi ou seulement au levant, et quant à celles qui, comme les graminées, s'élèvent verticalement, elles sont ordinairement beaucoup plus serrés sur les pentes qu'en plaine, ainsi un are ou un hectare situé sur une pente produira plus qu'un are ou un hectare en plaine (9).

Les bois taillis croissent plus serrés sur les pentes que dans les plaines, parce que les tiges étant rangées en amphithéâtre, reçoivent mieux l'influence de l'air et de la lumière qui leur est nécessaire. Il en est de même des bois de haute futaie, les arbres pouvant établir leurs branches par étages se gênent moins et n'ont pas besoin d'un si grand espace (10) ; d'ailleurs, les arbres s'inclinent naturellement du côté d'où leur vient l'air

---

(8) Si l'on trouve que le produit d'un hectare de surface en plaine est de 40 fr., cette somme, capitalisée au quatre pour cent, donnera une valeur de 1000 fr. par hectare, ainsi l'estimation totale de quatre hectares, deux en plaine et deux sur la montagne, ne serait que de 4000 fr. ; deux mille francs pour les deux de la plaine et deux mille francs pour ceux de la montagne : mais comme le développement de ces derniers, suivant la pente, donne une surface de trois, qu'ils sont tous supposés de même nature et qualité, qu'ils donneront en conséquence un produit de 120 fr., ils devront être estimés 3000 fr. et non pas 2000 seulement.

Si, au contraire, on prenait pour base de l'estimation le produit des deux hectares de la montagne, l'estime des deux de la plaine serait beaucoup trop élevée, puisqu'on leur ferait produire 120 fr., tandis que leur produit réel ne serait que de 80 fr., et que l'on aurait pour l'estimation totale 6000 fr. au lieu de 5000 fr.

(9) Mesurée d'après le développement de la pente.

(10) En supposant qu'ils sont situés dans le même climat, que la nature et la qualité des terrains sont exactement semblables ; ce qui est, à la vérité, bien difficile à rencontrer.

et le jour, et sont ainsi, même ceux qui, comme les sapins, affectent la position verticale, disposé à suivre plus ou moins la disposition du terrain.

Quant aux terrain cultivés annuellement, nous ferons observer que les produits des parties supérieures des pentes ne sont jamais aussi considérables que ceux des inférieures, quelle que soit la nature des récoltes que l'on y cultive, parce que l'écoulement des eaux des pluies entraîne les engrais et dégrade souvent le terrain. Cette observation s'applique naturellement aux vignes et à toutes les plantations que l'on est obligé de cultiver, labourer ou piocher chaque année.

Nous ne nous étendrons pas d'avantage sur cet objet, ce que nous venons de dire étant suffisant pour guider les experts dans leurs opérations lorsqu'ils auront à estimer des terrains sur des pentes.

Lorsque des experts voudront faire connaître la différence de la mesure par la base horizontale avec celle par le développement des pentes, ils n'auront qu'à diviser leur plan (11) en divers articles (12), suivant la nature et la différence des pentes, en indiquant dans la légende par des numéros ou lettres de renvois la contenance de chacun des articles mesurés suivant le développement des pentes. C'est surtout dans les opérations pour les cantonnemens et les estimations des bois qu'il sera à propos d'agir ainsi.

---

(11) Il conviendra toujours d'en lever un dans ces sortes de cas

(12) Au moyen de lignes ponctués ou de lisérés en couleurs.

CHAPITRE XIX.

Des vérifications d'écriture.

Nous croyons ne pouvoir rien faire de mieux que de transcrire ici l'opinion d'un ancien jurisconsulte, sur les rapports d'experts en matière de vérification d'écriture et de faux incident civil :

« Il n'est pas d'opération qui exige de la part des experts plus » d'impartialité, plus de soin, plus de prudence, d'attention » et de connaissances que celle dont ils sont chargés lorsqu'on » leur demande leur opinion sur la similitude ou la disparité » des écritures.

» Il est malheureusement prouvé, par une multitude d'exem- » ples, que les experts écrivains les plus habiles et les plus » probes, se trompent et donnent pour vraies des écritures » fausses et pour fausses des écritures vraies. On ne considère, » en conséquence, leur avis que comme une présomption qui » a plus ou moins de force suivant les circonstances et les mo- » tifs sur lesquels il est fondée. Ainsi, les experts qui ne veulent » pas éprouver le désagrément, toujours très-grand pour un » homme sensible et délicat, de voir rejeter leur avis, ne doi- » vent rien négliger pour découvrir la vérité et pour prouver » aux juges qu'ils y sont parvenus.

» Ils doivent surtout se défaire de ce préjugé, qui a fait re- » garder à plusieurs experts écrivains leur art en vérification » d'écritures comme un art infaillible, et qui, au lieu d'être » une simple opinion, réunit en même temps le caractère de » titre, de preuve testimoniale et de jugement. Un expert imbu » d'un tel préjugé, peut facilement être induit en erreur par » son aveugle confiance dans l'infaillibilité de son savoir, et » négliger quelque circonstance par laquelle il aurait été con- » duit à la découverte de la vérité ; si, consultant l'expérience, » le meilleur de tous les maîtres, il n'avait regardé son art » que comme un art dans lequel il n'existe aucune règle cer- » taine, pour décider si la pièce dont il est question et les » pièces de comparaison sont écrites par la même personne.

» Lorsque, faute de pièces de comparaison existantes, il est » ordonné que, pour en servir, il sera fait un corps d'écriture

» en présence des experts et dicté par eux, c'est afin qu'ils » puissent examiner si la personne à laquelle ils dictent le » corps d'écriture n'a point hésité en l'écrivant; si elle a écrit » au courant de la plume, sans interruption, et avec assez de » célérité, pour qu'elle n'ait pu dissimuler son écriture ordi- » naire et exécuter le projet prémédité de s'en éloigner autant » qu'elle le pourrait, et de manière à ce que les experts ne » puissent pas reconnaître quel est l'auteur de l'écriture arguée » de faux.

» Ils doivent donc, dans ce cas, examiner avec la plus grande » attention si la main qui a écrit a assez de puissance et d'ha- » bitude à l'écriture, pour pouvoir se déguiser, et faire men- » tion dans leur rapport, de leurs observations à ce sujet. »

Quoique dans les rapports en matière de faux incident civil, les experts n'aient ordinairement à s'expliquer que sur des grattages ou des surcharges, ils peuvent néanmoins recourir à des pièces de comparaison. (Voir le chapitre suivant.)

CHAPITRE XX.

Des rapports en matière criminelle.

Nous ajouterons peu de chose à ce que nous avons dit sur cette matière dans le chapitre 4. Les rapports de ce genre exigent presque toujours des connaissances spéciales qui, la plupart, nous sont étrangères et sur lesquelles nous n'apprendrions certainement rien aux personnes qui, par état, sont obligées de les étudier.

Nous ferons seulement observer qu'ayant à s'expliquer devant des magistrats ou des jurés qui n'ont, pour l'ordinaire, aucune des connaissances spéciales qu'exigent la circonstance, les experts doivent s'appliquer à mettre à la portée de tout le monde ce qu'ils ont à dire, et ils ne doivent pas craindre de donner des explications sur les termes de science ou d'art qu'ils emploient, car la moindre méprise sur le sens de leurs paroles pourrait avoir les conséquences les plus funestes.

Une grande clarté et tous les développemens nécessaires pour en rendre l'intelligence simple et facile, doivent donc constituer le caractère distinctif de ces sortes de rapports.

Ils ne doivent contenir rien de hasardé ou de problématique; dès l'instant qu'il y a du doute sur un fait, sur une conséquence, les experts doivent s'abstenir d'émettre une opinion à cet égard et se contenter de faire connaître les faits en eux-mêmes et les probabilités qui peuvent en résulter, sans rien affirmer dans un sens plutôt que dans un autre.

Ces sortes de rapports sont de deux espèces; ils ont lieu sur la demande des magistrats chargés de l'instruction des affaires criminelles, et alors ils sont écrits; leur style ne doit avoir rien de recherché, il doit être sérieux, simple, et surtout très-clair; ou bien les experts sont appelés à s'expliquer devant les jurés; là, tout doit être oral, le langage des experts doit être grave et impassible, ils doivent se mettre au-dessus de toutes les critiques, de tous les reproches que l'intérêt de l'accusé ou de la partie civile peut leur faire adresser, la vérité seule doit être l'objet de leurs recherches; enfin, ils ne doivent jamais perdre de vue l'importance de leurs fonctions et la responsabilité énorme qui pèse sur leurs têtes.

Il est du devoir des médecins, des chirurgiens et des pharmaciens qui sont, par état, dans le cas d'être appelés pour ces sortes d'opérations, de faire une étude sérieuse de la médecine légale, qui seule peut leur fournir des principes et des règles propres à les diriger dans ces sortes de circonstances.

CHAPITRE XXI.

Rapport d'experts en matière commerciale.

Les expertises en matière de commerce, qu'elles soient ordonnées par les tribunaux de commerce ou par les cours royales, ont lieu dans les mêmes formes que les autres rapports, et les experts doivent se conformer aux règles générales communes à tous, que nous avons indiquées dans le chapitre 4 ci-devant, et sur lesquelles nous reviendrons dans le chapitre 25 ci-après.

Il y a cependant une exception à ce sujet, mais à l'égard de quelque point de forme seulement, c'est dans le cas prévu par l'art. 106 du Code de commerce (1), ainsi conçu : « En cas de refus » ou de contestation pour la réception des objets transportés, » leur état sera vérifié et constaté par les experts nommés par le » président du tribunal de commerce, ou à son défaut, par le » juge de paix (2), et par ordonnance au bas d'une requête. »

Les experts doivent-ils, dans ce cas, prêter serment et devant qui? nous ne voyons pas qu'ils en soient dispensés; il faudrait pour cela une exception expresse à la règle générale tracée par l'art. 307 du Code de procédure, et nous n'en trouvons aucune dans le Code de commerce; mais il n'y a pas ici de juge délégué pour le recevoir, aussi ils le prêteront devant le président

(1) Cet article fait partie de la section 3, *du voiturier*, titre 6, livre 1er du Code de commerce, et est corrélatif à l'art. 93.

(2) C'est-à-dire dans les cantons où il n'y a pas de tribunal de commerce, ni de tribunal civil faisant fonction de tribunal de commerce; car, en cas d'absence ou d'empêchement du président du tribunal, il est de droit remplacé par l'un des juges, ainsi rigoureusement le juge de paix, dans ces cantons, ne peut rendre ces sortes d'ordonnances qu'en cas d'empêchement ou absence de tous les juges ou suppléans du *tribunal de commerce*; néanmoins nous ne croyons pas que, pour la validité de l'ordonnance du juge de paix, il soit nécessaire de constater cet empêchement ou absence, il n'y a rien dans la loi qui y oblige. Nous disons empêchement ou absence des juges ou suppléans du *tribunal de commerce*, car s'il y a dans le même canton un tribunal civil, les présidens, juges et suppléans de celui-ci n'ont aucun caractère pour cet objet, dès l'instant qu'ils ne font pas fonctions de juges de commerce.

du tribunal de commerce ou le juge de paix qui aura rendu l'ordonnance portant leur nomination (3).

Où déposeront-ils leur rapport? sera-ce au greffe du tribunal de commerce, de la justice de paix, ou du tribunal civil? ou se contenteront-ils de le remettre à la partie requérante?

Un rapport doit toujours être déposé, sauf les exceptions formellement indiquées par les lois (4), au greffe du juge ou du tribunal qui l'a ordonné; ainsi, dans le cas actuel, le rapport sera déposé au greffe du tribunal de commerce, s'il a été ordonné par le président de ce tribunal, et au greffe de la justice de paix, si l'ordonnance émane du juge de paix. Jamais il ne doit être confié à aucune des parties; il faut qu'en tout temps chacune d'elles puisse le consulter et s'en faire donner expédition. On conçoit qu'il peut arriver telles circonstances où la partie qui aurait le rapport entre les mains, eut intérêt à le faire disparaître.

Les experts doivent, dans ces sortes de rapports, s'appliquer à bien faire connaître l'état des marchandises au moment où elles leur sont représentées, constater et décrire soigneusement les avaries qu'elles ont éprouvées, en faire, autant que possible, connaître la cause (5), indiquer leur valeur avant ces avaries, la perte qu'elles ont éprouvée; enfin rien ne doit être négligé pour éclairer les juges, la manière dont les marchandises ont été emballées, la forme des ballots, leurs poids, la bonne ou mauvaise confection des caisses, leur solidité, les précautions prises, soit par les expéditeurs, soit par les commissionnaires, ou les voituriers, pour leur conservation; tout doit être exactement décrit.

En émettant leur avis sur les causes des avaries, les experts doivent le raisonner solidement et l'entourer d'autant de preuves qu'il est possible.

---

(3) Cette ordonnance doit contenir l'indication du lieu, du jour et de l'heure où les experts se présenteront pour prêter serment, avec permission, en cas d'absence, de les assigner à bref délai et même d'heure à heure.

(4) Voir les chapitres 10 *in fine*, et 25 n° 8, note 10.

(5) Il est très-essentiel de s'assurer de la cause des avaries, parce que le rapport n'est pas, dans ces sortes de cas, simplement fait pour constater l'état des marchandises, comme semble l'indiquer l'art. 106 du Code de commerce; mais il est de plus destiné à éclairer les juges sur le fait de savoir à la charge de qui, du voiturier, de l'expéditionnaire ou du destinataire, doivent être mises les avaries; c'est pourquoi tous les détails que nous indiquons sont des plus essentiels.

Les rapports d'experts, en matière commerciale, ordonnés par les tribunaux de commerce ou les cours royales, portent ordinairement sur des évaluations de marchandises, des dépouillemens de livres, des vérifications à l'égard d'opérations ou entreprises de commerce.

Toutes ces sortes de travaux exigent, de la part des experts, des connaissances spéciales sur lesquelles nous ne pouvons rien leur apprendre. Nous nous bornerons à faire observer, 1° s'il s'agit d'évaluations de marchandises, les experts ne doivent pas se borner à les estimer en bloc, ou à tant par pièce ou par poids, ou bien de la manière dont elles le sont dans les inventaires de commerce. Ils doivent faire connaître avec détail la nature des marchandises, leur qualité, leur aunage, leur poids, leur bonne ou mauvaise confection, leur prix d'achat en fabrique, les frais de transport, ce qu'elles ont dû coûter au marchand, s'il les a achetées de première ou de seconde main, le prix courant de leur vente en gros et en détail, au moment où ils opèrent et au moment où leurs opérations doivent se rapporter suivant les indications contenues dans les jugemens ou arrêts portant leurs commissions, la hausse ou la baisse qu'elles ont pu éprouver depuis l'époque à laquelle remonte la contestation (6) et celles auxquelles elles peuvent être sujettes à l'avenir, suivant les circonstances probables;

2° S'il est question de vérification de livres, les experts doivent commencer par faire une description exacte de leur état matériel, s'expliquer sur leur bonne ou mauvaise tenue, indiquer les lacunes ou irrégularités qui peuvent s'y trouver, émettre enfin un avis bien motivé sur le degré de confiance qu'on peut leur accorder;

3° S'ils ont à s'expliquer sur des opérations ou entreprises de commerce, ils doivent remonter à leur origine, rechercher les faits ou les circonstances qui y ont donné lieu, le but que les parties intéressées se sont proposé, les intentions qu'elles ont pu avoir en commun ou en particulier, suivre pas à pas tous les actes, toutes les transactions, tous les marchés qui ont pu avoir lieu, les discuter et approfondir, examiner soigneusement dans quel esprit ils ont eu lieu, la bonne ou mauvaise foi qui y a présidé; enfin, entrer impartialement, scrupuleusement même et avec la plus grande exactitude, dans tous

---

(6) Et même antérieurement si cela paraît utile à l'éclaircissement des difficultés.

les détails pour et contre qu'ils jugent propres à faire connaître la vérité, et à éclairer les magistrats sur la décision qu'ils ont à apporter (7).

Nous terminerons ce chapitre par une observation importante. Beaucoup de personnes confondent les experts avec les arbitres et se servent de ces deux mots comme s'ils étaient synonymes, sans égard à la valeur bien différente qu'ils ont ; ce sont surtout MM. les négocians qui, peu versés dans le langage du barreau, font cette confusion ; ce qui les entraîne souvent dans de graves erreurs.

Les arbitres sont de véritables juges qui prononcent en premier ou dernier ressort, suivant les pouvoirs qu'ils ont reçus des parties ou de la loi. Ils jugent en droit et en fait. Leur décision, une fois rendue, n'a besoin pour être valable et obligatoire d'aucune révision, d'aucune homologation, il ne reste plus qu'à la faire revêtir des formes prescrites par le Code de procédure pour la faire exécuter (8).

---

(7) C'est surtout lorsque les affaires sont devant les Cours royales ou de nature à y être portées que tous les détails que nous venons d'indiquer, ainsi que tous ceux tenant à la spécialité des objets soumis à l'investigation des experts, doivent être exactement donnés.

Les magistrats des Cours royales sont, par leur position sociale et la nature de leurs fonctions, ordinairement étrangers aux opérations commerciales et aux connaissances qu'elles exigent ; ils ont donc besoin de beaucoup plus d'explications et de détails que les juges ordinaires des tribunaux de commerce, pour pouvoir apprécier les faits et en reconnaître l'exactitude ; il en est de même lorsque ce sont des tribunaux civils de première instance qui font fonction de tribunaux de commerce.

Nous pensons que les juges feront très-bien de prescrire aux experts d'entrer dans toutes les explications que nous avons indiquées et d'en insérer le détail dans le dispositif de leurs jugemens. Voir les chap 2 et 3 ci-devant.

(8) En matière de commerce les arbitres sont ou volontaires ou forcés.

Ils sont volontaires lorsque des parties, pouvant disposer de leurs droits, s'accordent pour soumettre leurs différens à un arbitrage, font un compromis et nomment des arbitres.

Il est forcé dans le cas prévu par l'article 51 du Code de commerce. Alors si les parties ne s'accordent pas sur le choix des arbitres, ils sont nommés par le tribunal de commerce, art. 55.

Que les arbitres soient volontaires ou forcés, ce sont toujours de véritables juges qui prononcent suivant l'étendue des pouvoirs que leur donne le compromis ou la loi.

Il n'entre point dans le plan de cet ouvrage de tracer les règles de l'arbitrage volontaire ou forcé : on en trouvera les principales dans les articles

Les experts au contraire n'ont qu'un simple avis à donner sur les points de fait qui leur sont désignés ; ils ne jugent rien, leur rapport n'a aucune valeur par lui-même, il n'est fait que pour éclairer la contestation, faciliter aux magistrats, qui doivent la juger, la connaissance de faits et de circonstances spéciales, que leur position ne leur permet pas d'apprécier eux-mêmes et sur lesquelles ils ont besoin de renseignemens particuliers; cela est si vrai que les juges ne sont point tenus de suivre l'avis des experts si leur conviction s'y oppose (9).

En conséquence, MM. les experts, en matière commerciale, doivent bien se pénétrer de cette pensée qu'ils ne sont point appelé pour juger les contestations des parties, mais simplement pour fournir aux magistrats les élémens et les renseignemens propres à les mettre à même de statuer en pleine connaissance de cause, et qu'ils ne doivent rien négliger pour atteindre ce but.

1003 et 1028 inclusivement, du Code de procédure, et les articles 51 à 64 inclus du Code de commerce.

(9) Article 323 du Code de procédure. Voir le chapitre 2 ci-devant.

CHAPITRE XXII.

Des rapports d'experts devant les juges de paix.

Ces sortes de rapports ne diffèrent des autres que par la forme. Lorsqu'un juge de paix a ordonné une vérification par experts (1), ceux-ci paraissent devant lui sur l'assignation qui leur est donnée (Cod. pr. 29.), procèdent à leurs opérations en sa présence, et donnent leur avis de vive voix; il n'en est dressé procès-verbal par le greffier, signé par celui-ci, le juge et les experts, que quand la cause est sujette à l'appel; ce même procès-verbal constate le serment que les experts prêtent au moment même de leurs opérations.

Quoique ce genre d'expertises porte le plus souvent sur de très-minces intérêts, les experts ne doivent pas y apporter moins de soins et moins d'attention; la justice ne distingue pas entre les grands et les petits intérêts, elle est égale pour tous. D'ailleurs, tout est relatif, et les objets de la moindre valeur peuvent être d'une très-grande importance, par rapport aux personnes entre lesquelles existe la contestation.

Les rapports les plus ordinaires que les juges de paix sont dans le cas d'ordonner, sont ordinairement relatifs à des évaluations de travaux ou à l'estimation des dommages faits aux champs, fruits et récoltes.

A l'égard des évaluations de travaux, on peut voir ce que nous avons dit dans le chapitre 15 ci-devant.

Quant aux dommages faits aux champs, fruits et récoltes, ils peuvent être de différente nature, et les experts ne doivent point perdre de vue les conséquences qu'ils peuvent avoir par rapport à la valeur des champs.

S'ils consistent en abattis d'arbres, on ne devra pas se borner à estimer la valeur des arbres, sous le rapport de leur produit

---

(1) Ils sont nommés par le jugement qui ordonne la vérification, et le juge de paix est maître de les choisir comme bon lui semble, nonobstant toute volonté contraire de la part des parties. Cependant, si elles s'accordent à ce sujet, il conviendra que le juge de paix défère à leur choix, à moins qu'il n'y voie des inconvéniens graves, comme si les parties désignent des personnes notoirement incapables de remplir la commission qui leur est confiée.

et du prix des bois, mais il faudra encore évaluer la diminution de valeur que cette destruction peut faire éprouver à la propriété.

Si ce sont des vignes qui ont été coupées ou arrachées, il faudra examiner quelle pourra être la dépense nécessaire pour les replanter et les rétablir, quelle sera la valeur de la perte des récoltes pendant le temps que les vignes mettent à croître, jusqu'à ce qu'elles soient en produit comme celles qui ont été détruites.

Si ce sont des haies ou autres clôtures qui ont été détruites, il faudra examiner comment et par quel genre de clôture elles pourront être convenablement remplacées, évaluer la dépense à faire pour cet objet, et estimer en même temps la perte de valeur que le champ peut être dans le cas d'éprouver par cette circonstance.

Si les dégâts proviennent d'enlèvement de terre, d'excavations faites dans les champs, il faudra examiner par quel moyen ces dégâts pourront être réparés, ce qu'il en coûtera pour cela, et quelle sera en outre la perte que le propriétaire du champ pourra éprouver nonobstant la réparation.

Lorsque les dégâts ne portent que sur les fruits et récoltes, les opérations des experts se bornent à l'estimation des dommages qu'ils ont éprouvés.

Quoique les experts fassent ces sortes de rapports, simplement de vive voix, après néanmoins s'être concertés et avoir délibéré ensemble, ils ne doivent pas moins soigneusement les motiver (2).

---

(2) Nous n'avons point prétendu parler de toutes les circonstances où des experts peuvent être appelés par les juges de paix, mais simplement donner quelques exemples tirés les cas les plus ordinaires, ce qui suffit pour indiquer la marche que les experts doivent suivre.

CHAPITRE XXIII.

Estimation et composition de masse pour expédition de légitime ou supplément de légitime en argent ou en corps héréditaires (1).

§ 1er. *Observations générales.*

On appelle composition de masse le tableau détaillé de tous les objets meubles et immeubles, droits et actions quelconques, faisant partie activement ou passivement d'une succession.

Lorsqu'il s'agit d'expédition de légitime ou supplément de légitime, les experts ne sont pas appelés simplement pour faire l'estimation des immeubles, mais bien pour faire en même temps la composition de masse, déterminer le montant de la légitime ou du supplément en argent; assigner les immeubles, meubles, créances et autres objets qui doivent être donnés aux légitimaires, lorsqu'ils obtiennent leurs légitimes en corps héréditaires et qu'elles doivent leur être expédiées en nature ou biens de l'hoirie.

---

(1) Quelques personnes nous ont témoigné du regret de ce que nous avions retranché tout ce qui se trouvait dans l'ouvrage de M. Grand-Thoranne, de spécial aux demandes en expédition ou en supplément de légitime et sur les rentes viagères. Il y aura, nous ont-elles dit, pendant bien des années encore des contestations sur ces sortes de matières; d'ailleurs on sera, peut-être, durant plusieurs siècles, obligés de recourir aux décisions, aux actes ou transactions auxquelles les demandes légitimaires et les constitutions de rente viagère ont donné lieu, et cela dans des contestations qui leur seront complétement étrangères. Comment alors, pourra-t-on comprendre ces décisions, actes ou transactions, en saisir l'esprit, reconnaître les intentions des magistrats qui les ont rendus ou des parties qui les ont souscrits, si on ne connaît plus les principes ensuite desquels on a dû procéder en les rendant ou les faisant? L'ouvrage de M. Grand-Thoranne était le seul qui les fît connaître, du moins pour tout ce qui était relatif aux experts; il ne se trouve plus dans le commerce et bientôt il sera impossible de se le procurer.

Ces observations nous ont déterminé à ajouter à cette nouvelle édition les chapitres 23 et 24 dans lesquels nous avons réuni et résumé tout ce que M. Grand-Thoranne a dit de spécial sur les demandes en expédition ou supplément de légitime et sur les constitutions de rentes viagères; ils sont tirés des chapitres 4, 5 et 6 de son ouvrage.

— Avant les arrêts qui ont ordonné que les biens seraient estimés par les fruits (2) les experts chargés de ces opérations erraient dans les vastes champs de l'arbitraire ; les uns prétendaient trouver les valeurs par la comparaison d'actes de ventes d'autres fonds du pays, passés à des époques contemporaines : d'autres voulaient se fonder exclusivement sur des baux à ferme et même sur des louages particuliers des fonds de la contrée pour porter ceux de la succession au même taux. —

— Et tous, il faut l'avouer, agissant bien plus par leur propre mouvement, que par des principes quelconques, dont la recherche n'était qu'apparente, estimait arbitrairement les bâtimens et les biens fonds, article par article ; en sorte qu'il était assez rare que les légitimaires ne parvinssent à accabler l'héritier sous le faix des supplémens, des intérêts et des frais excessifs qu'ils avaient faits ; c'est ainsi que le mal se propageait par le succès même des demandeurs, jusqu'à ce qu'enfin les arrêts du parlement dont j'ai parlé aient répandu une lumière salutaire sur la manière d'estimer les biens par les fruits qu'ils peuvent produire. —

— Mais j'ose assurer que ces arrêts n'ayant été ni publiés ni affichés (3) sont encore ignorés par une grande partie des personnes qui sont dans le cas de faire les fonctions d'experts et qu'elles négligent par conséquent de s'y conformer : c'est une raison de plus aux juges de les y astreindre par le prononcé de leurs jugemens, comme je l'ai prouvé plus haut (chap. 2 et 3), et c'est ce qui peut en même temps contribuer à rendre cet ouvrage d'autant plus utile et intéressant, soit par la plus grande publicité qu'il donnera aux principes, soit par la pratique des moyens dont je vais faire un essai, au sujet de l'estimation d'une succession ou de la composition d'une masse (4). —

---

(2) Arrêts du parlement de Grenoble, des 6 juillet 1750 et 12 août 1769.

(3) Il ne faut pas perdre de vue que dans cette phrase c'est M. Grand-Thoranne qui parle, et qu'il écrivait en 1785. Au reste, ce qu'il dit sur les prescriptions que les juges doivent faire aux experts, est aussi important aujourd'hui qu'alors ; les procédures pour expéditions de légitimes ou supplément de légitime étant aujourd'hui très-rares, la plupart des experts ignorent comment ils doivent procéder dans ces sortes de cas ; il est en conséquence essentiel que les magistrats leur tracent la marche qu'ils doivent suivre et leur indiquent les bases à adopter dans leurs opérations.

(4) M. Grand-Thoranne ne s'est point trompé dans sa prévision, et il est peu d'ouvrages qui aient aussi bien rempli le but pour lequel il était fait.

— Je dois, auparavant, faire observer qu'il y a deux espèces de procédures de compositions de masse, ou plutôt dont l'objet ultérieur est différent. —

La première espèce comprend celle où le légitimaire ayant déjà reçu son legs ou sa légitime en argent, ou une partie de ce legs, ou de cette légitime en argent, ne peut plus demander qu'un supplément en argent (5). Il en est de même de la fille à qui le père a constitué une dot en argent, exigée en tout ou en partie par le mari, ou par la femme après le décès de celui-ci. —

— La seconde a pour objet d'expédier la légitime en nature dans le cas où le légitimaire n'a rien reçu en argent, sur le capital de son legs ou de sa légitime. On sent qu'en ce second cas, il se présente beaucoup moins de difficultés que dans le premier; car si l'on estime plus ou moins les biens fonds, on doit en donner sa portion au légitimaire, sur le même taux; je vais donc parler d'abord des compositions de masse sur les demandes en supplément de légitime en argent. Il sera facile d'en appliquer ensuite les principes à l'autre espèce, sur laquelle je ferai, après cela, quelques observations essentielles (6). —

§ 2. *Composition de masse pour expédition de légitime ou supplément de légitime en argent.*

Actif.

— Je suppose d'abord un domaine complet susceptible de produire toute sorte de fruits. Il est bien certain que l'estimation doit en être faite, suivant la valeur à l'époque de la mort de celui dont les biens sont sujets à la légitime (7). —

---

(5) *Si relictum in pecuniâ acceperit, et quid desit ex legitimâ, hoc residuum etiam in pecuniâ teneri accipere, tenet communis opinio; nec poterit repudiare eam pecuniam acceptam jam, ut possit petere legitimam in corporibus hæreditatis.* Barry, liv. 16, chap. 8, où il cite Guy-Pape, Faber et d'autres auteurs; ce principe est consacré par la jurisprudence des arrêts.

(6) Tout le paragraphe que l'on vient de lire est tiré du chapitre 4 de l'ouvrage de M. Grand-Thoranne. (Voir le § 3.) Tout ce qui est de lui dans les paragraphes suivans est tiré du chapitre 5.

(7) Il n'en est pas des expéditions de légitime comme des partages entre cohéritiers. Les droits du légitimaire sont déterminés au moment du décès du père ou de la mère commune et ne peuvent plus varier; le légitimaire n'avait dans l'ancien droit que l'honorifique du titre d'héritier, en ce sens qu'il ne

— Si l'héritier propose d'en fixer le produit sur des baux à ferme par lui représentés, le légitimaire pourra s'y rapporter s'il le trouve à propos, ou soutenir qu'il n'y est pas obligé, parce que le prix de ces baux à ferme est trop modique : je pense que le refus que l'héritier peut faire à son tour de s'en tenir au taux des baux à ferme, doit également être admis, s'il soutient que le prix en était porté trop haut, parce que la loi doit être égale. Il est possible, en effet, que le prix d'un bail à ferme soit porté plus haut, ou plus bas, que le produit réel d'un domaine : on en sent assez les raisons, et on en pourrait alléguer une multitude. Aussi les auteurs, d'après les principes, ont-ils unanimement opiné que les baux à ferme ne doivent pas absolument faire la loi. Entre autres, Legrand, sur la coutume de Troyes, tit. 8, art. 139, glose 12, nº 2, où il dit : que la lésion ne peut pas être bien prouvée par des baux à ferme, le notaire étant obligé d'écrire ce qu'on lui dit..... —

— Si les parties, ou l'une d'elles, refusent de s'en rapporter aux baux à ferme du domaine, il faut que les experts en fassent l'estimation *par les fruits*, ce sera ensuite aux juges à décider si le prix des baux doit être suivi, de préférence à l'estimation qui aura été faite par les experts lorsqu'il examinera les baux et le rapport. —

Les experts doivent procéder à l'estimation des immeubles et des objets qui en dépendent, de la manière que nous avons indiquée dans les chapitres 5 et 6 ci devant, sauf les modifications ci-après :

— Tous les revenus de l'héritage ayant été calculés, les experts doivent en déduire les charges annuelles, comme cens, rentes et droits seigneuriaux, la taille, la cote du rôle négocial, autrement nommé des trois ordres, fixés sur une moyenne proportionnelle de 10 ans; mais ils ne doivent point en déduire la capitation, l'industrie, ni tout autre impôt personnel au fermier ou au propriétaire, s'il cultive lui-même l'héritage. —

---

pourrait être prétérit, sous peine de nullité du testament, ses droits étaient une espèce de créance sur la succession dont la quotité était déterminée par le montant de celle-ci au moment de son ouverture. En conséquence, si les biens avaient augmenté de valeur, depuis lors, l'héritier seul en profitait, tout comme il supportait seul les pertes qui pouvaient être survenues. Au reste, la règle ci-dessus résulte du droit romain, de l'ancien droit et de la jurisprudence.

— Ici se présente une difficulté qu'on a regardée comme très-sérieuse ; savoir, si l'on doit en distraire les dixième, vingtième et sou pour livre. Mais il me semble que ce n'est qu'une vaine dispute de soutenir, les uns, que cette imposition est extraordinaire et instantanée, et sous le point de vue qu'elle ne doit pas être déduite sur les revenus de la succession ; les autres, qu'elle est permanente, et qu'elle doit en être distraite comme une charge des biens. —

— Je dis que la nature de ce tribut est d'être exigée sur les revenus de tous les sujets ; il n'est point réel et foncier comme la taille l'est en Dauphiné. L'héritier le paye sur les fruits des biens de la succession en entier, pendant qu'il les possède ; mais lorsque les légitimes des autres enfans leur sont assignées en biens fonds, chacun en est chargé à concurrence du revenu qui lui est échu. Si l'héritier est dans le cas de leur rendre compte des fruits, de ces légitimes prises en biens fonds pendant un certain nombre d'années, il faut, sans contredit, déduire en proportion, les vingtièmes, comme les tailles et les cens ou rentes, puisque l'héritier les a payés ; et si les légitimaires n'obtiennent leur légitime qu'en argent, l'héritier déduit d'abord sur les intérêts qu'il peut leur devoir ce même tribut ; s'il emprunte pour les payer ou s'il s'oblige à les payer, s'il vend des biens de la succession pour même cause, les acquéreurs s'en chargent à concurrence. Enfin, si les légitimaires eux-mêmes placent ou emploient, en acquisition, les sommes qu'ils ont exigées pour leur légitime, ils supportent ce tribut. —

— Il n'est donc pas de nature à être déduit sur les revenus des biens de la succession, à l'effet d'en fixer le capital, puisque les légitimaires éprouveraient, d'un côté, la perte d'une diminution sur la quotité de leur légitime, et, de l'autre, ils payeraient encore cet impôt, 1° par la déduction qui en serait faite sur les intérêts arriérés de leur legitime ; 2° sur les intérêts des sommes procédantes de ces mêmes légitimes ; qu'ils placeraient en rente constituées, ou à jour, ou sur les revenus des immeubles qu'ils achèteraient, ce qui formerait une espèce de double emploi à leur préjudice. —

— Après avoir fait les distractions dont je viens de parler, les experts calculeront la somme restante des revenus pour en former un capital à raison de quatre et demi pour cent, à la forme des arrêts que j'ai ci-devant énoncés (8). —

(8) Sous l'ancienne jurisprudence, le respect pour les arrêts des parlemens

— Il peut arriver, surtout en Dauphiné, où les tailles sont réelles, où les nobles possèdent des biens taillables, et les per-

---

étaient tels qu'on les regardait comme faisant loi dans toutes les matières où il n'y en avait pas de positive, souvent même l'emportaient-ils sur celle-ci, et on les observait aveuglément sans se mettre en peine si le temps et les circonstances n'en avaient point changé la nature et ne les avaient pas rendus injustes et contraires à l'équité. C'est ce qui est arrivé à la décision qui enjoignait aux experts de capitaliser les immeubles au 4 et 1/2 pour cent ; rendue en 1750 ; elle était conforme à la véritable valeur des immeubles.

A cette époque, elle faisait en conséquence justice aux légitimaires et à l'héritier. En 1769, la valeur des immeubles avait augmenté, dès-lors, la capitalisation des fruits au quatre et demi pour cent n'était plus en rapport avec cette valeur, elle devenait préjudiciable au légitimaire ; cependant on ne songeait point à modifier cette règle, et elle devint ce qu'on appelle le droit commun, au point que M. Grand-Thoranne, en 1785, ne s'est nullement occupé des inconvéniens que son application rigoureuse devait avoir : il a au contraire présenté comme un acte de sagesse de la part des juges, d'en prescrire la rigoureuse observation, tellement qu'aujourd'hui on juge encore et sans examen de la même manière, ce qui a donné lieu à une multitude de procès par suite de la prétention que ne manquaient pas d'élever à tort ou à raison les légitimaires de se faire allouer leur légitime en corps héréditaires.

Nous ne voyons pas que les tribunaux d'aujourd'hui soient tenus de considérer la décision de l'ancien parlement sur cet objet, comme une règle ayant force de loi et devant être observée sans se permettre d'examiner si elle est encore conforme à la justice ; nous croyons au contraire qu'ils peuvent fort bien la modifier, suivant la valeur qu'ils jugent que les immeubles devaient avoir à l'époque du décès.

On dira sans doute que notre réflexion vient un peu tard, cela est vrai ; il est fâcheux que personne ne l'ait faite avant nous : au reste, si on voulait en contester l'exactitude, voici un exemple, sur lequel nous avons eu à émettre notre avis, qui la fera ressortir.

Un père de famille de cinq enfans décéda en 1789, après avoir fait un testament par lequel il instituait son fils aîné pour son héritier et léguait aux autres une somme de 200 fr. à chacun. Un mois après environ, l'héritier vendit les immeubles dépendant de la succession, il paya les legs de ses frères, et environ 15,000 fr. de dettes que son père avait laissées.

Les légataires ignorèrent, sans doute, les prix des ventes passées par leur frère aîné ; un an après ils furent appelés aux armées, où ils restèrent longtemps ; ce ne fut qu'à leur retour qu'ils songèrent à examiner si on leur avait bien donné tout ce qui leur revenait dans la succession ; ils formèrent une demande en supplément de légitime ; l'instance resta longtemps impoursuivie par suite de diverses circonstances ; mais enfin, en 1828, le tribunal de Saint-Marcellin ordonna la composition de masse, l'estimation des biens par les fruits et la capitalisation de leurs produits au quatre et demi pour cent. Des experts procédèrent ; ils évaluèrent exactement les fruits et les capitalisèrent

sonnes du tiers état des biens nobles, que dans le domaine dont je viens de parler, il y ait des fonds de deux qualités; mais je ne pense pas que cela puisse rien changer au rapport, parce que distraire les tailles sur les revenus d'un fonds, c'est en quelque sorte l'égaler avec le fonds noble, sur le revenu duquel on ne déduit pas cet impôt, parce qu'il en est exempt. —

— Il reste à faire une observation qui me paraît essentielle: parmi le nombre de fonds qu'on estime par le fruit, il peut y en avoir de situés sur les bords des fleuves, des rivières, qui les minent et les menacent d'une entière destruction; il ne serait donc pas juste de les estimer par leurs revenus actuels. —

— Je le pense ainsi, et qu'en pareil cas il serait à propos que les experts fissent une classe à part des fonds de cette espèce, pour en expédier au légitimaire sa portion en nature, afin que le danger soit commun en proportion des intérêts des parties, si mieux le légitimaire n'aime accepter l'offre en argent que l'héritier pourrait lui faire pour la portion de ses fonds. —

— Et par parité de raison, si la rivière avait miné un fonds de l'hoirie, qu'elle l'eût ensuite laissé en tout ou en partie, en sable, vases, graviers, etc., non susceptible encore de production, mais qui peut s'améliorer avec le temps, je voudrais

---

au quatre et demi pour cent. ce qui porta le total de l'actif à 15,000 et quelques francs, sur quoi il fallait retrancher les dettes qui s'élevaient à une somme à peu près égale, de telle sorte que les légitimaires, bien loin d'avoir quelque chose à réclamer, se trouvaient avoir reçu beaucoup plus qu'il ne leur était dû.

Cependant les experts avaient sous les yeux les actes de vente desquels il résultait que l'héritier avait un mois après la mort de son père, c'est-à-dire, en 1789, vendu les immeubles de la succession au prix de 30,000 fr., et les renseignemens qu'ils prirent leur apprirent qu'à cette époque les immeubles se vendaient dans la contrée sur le pied du deux et quart et deux et demi pour cent au moins de leur produit. Il est donc évident que l'héritier recueillait dans la succession près de 15,000 fr., sans que ses frères fussent en droit de réclamer aucune légitime; peiné d'un pareil résultat, l'un des experts me fit demander ce que je pensais qu'ils dussent faire; je lui fis répondre qu'ils devaient d'abord opérer, comme le leur avait prescrit le jugement, et faire ensuite connaître les faits dont il m'avait fait rendre compte, et leur résultat, pour bien faire connaître au tribunal l'état des choses, parce qu'il y avait lieu de présumer que les juges reviendraient sur leur interlocution, ainsi qu'ils en avaient le droit, plutôt que de consacrer une injustice évidente.

L'héritier n'a pas cru devoir attendre la décision des magistrats, sur le rapport des experts; il s'est empressé de traiter avec ses frères et leur a fait justice.

aussi qu'on en réserva leur portion aux légitimaires (9). —

La valeur des immeubles ainsi déterminée en argent, on y ajoute la plus value produite par la maison de maître et les objets d'agrément dont nous avons parlé chap. 5.

La valeur des bois de haute futaie, des semences et des capitaux de bestiaux.

— Quant aux instrumens et voitures qui ne servent qu'à la culture du domaine, les fourrages qui en sont provenus et qui doivent servir à son engrais, les vases et ustensiles pour le vin, nul doute qu'ils ne fassent partie de l'héritage (10); et je pense que leur valeur ne doit pas mieux être portée en estimation que les bâtimens agrestes dont j'ai ci-devant parlé, et les prairies qui servent à nourrir le bétail. —

— Bien loin que ces effets produisent un revenu, il faut, au contraire, les entretenir, les réparer chaque année, et les renouveler: ainsi, quand on a estimé le domaine par toute sa production, il me semble que ce serait faire un double emploi de porter encore en masse la valeur des objets énoncés dans cet article. —

— Si l'on objectait que j'ai porté une opinion différente touchant les capitaux des semences et des bestiaux, je répondrais qu'il est d'usage presque généralement reçu, que le fermier paye au propriétaire l'intérêt de la valeur des capitaux des semences et des bestiaux, qui sont, en effet, par leur propre nature, susceptibles de production; en sorte qu'il est juste et naturel de les porter en estimation dans la masse. On conçoit d'ailleurs que les semences ne sont pas essentiellement et indivisiblement attachées à un domaine; on les prélève à la vérité, sur le produit, comme impense; mais ce n'est pas pour les semer toujours dans le même terrain; au contraire, l'agriculteur intelligent les vend pour en acheter d'autres qui produisent, l'année suivante, une plus abondante récolte. Mais on n'a jamais vu peut-être qu'un fermier ait payé l'intérêt de la valeur des vases et meubles vinaires, comme cuves, pressoirs, tonneaux, etc., ni des instrumens d'agriculture et des fourrages: la seule obligation du fermier se réduit à les rendre au même état, quantité et valeur qu'il les a trouvés. —

— Les experts porteront ensuite en masse l'argent comptant

---

(9) Voir ce que nous avons dit sur ce genre d'immeubles dans le chapitre 10 au sujet des partages.

(10) Voyez les lois sous le titre du *Digeste de instructo vel inst.*, *leg.*

que l'héritier ou donataire universel aura déclaré; les dettes actives avec les intérêts qui en étaient échus à l'époque du décès, et les frais des contrats, si le créancier en a fait l'avance, seront aussi ajoutés à la masse; mais s'il y en a de litigieuses, douteuses et mauvaises, les légitimaires doivent en courir les dangers aussi bien que le donataire ou l'héritier, à concurrence de leur intérêt. Il en est de même du sort des procès en revendication de biens, ou pour toute autre cause touchant les biens de la succession qui seraient encore indécis. Les contrats en rentes constituées au cinq pour cent, ne doivent point, à mon avis, entrer en masse pour toute la somme, parce qu'il est manifeste qu'ils perdent au moins un huitième, lorsqu'on veut les négocier; c'est-à-dire, qu'on achète un de ces contrats de 800 fr. pour 700 fr. en argent comptant. Les affiches de la province du Dauphiné prouvent, presque chaque semaine, l'embarras où sont les capitalistes, de se procurer de l'argent par les ventes de ces effets, que l'on propose au public le plus souvent même sans succès. Je ne les porterai donc en masse que sous la déduction d'un huitième, y compris celles des tributs royaux. On peut aussi en conserver au légitimaire sa portion en nature pour en exiger la rente annuellement jusqu'à due concurrence. —

— On pourra peut-être alléguer des opinions différentes, au sujet de la valeur des constitutions de rente: j'avoue qu'elles pouvaient, dans un autre temps, valoir tout le capital, parce que c'était la manière la plus usitée de prêter de l'argent; mais j'écris pour l'époque où nous sommes, et je ne crois pas me tromper en disant qu'elles perdent un huitième (11).

— Les rentes constituées à des taux plus bas, comme au quatre, au trois et demi, au trois, au deux et demi, etc., valent toujours le cinq pour cent de leur produit actuel, et même plus, à mesure que la rente est à un taux plus bas, par suite de l'espoir qu'a le créancier d'obtenir quelque jour le rem-

(11) Ce que dit ici M. Grand-Thoranne est encore plus vrai aujourd'hui qu'en 1785; l'usage de ces placemens a presque entièrement disparu, et ceux qui existent encore perdent plus si l'on veut les aliéner; on peut estimer cette perte du cinquième au quart, elle n'est jamais moindre du sixième.

Quant au placement en rentes constituées à des taux inférieurs du cinq pour cent, on en trouve encore moins; quoique les débiteurs s'empressent de profiter des facilités que leur donnent les créanciers pour les racheter, dans la crainte que quelques circonstances fâcheuses, dont on ne manquerait pas de profiter, ne les mettent dans le cas de rembourser l'intégralité du capital.

boursement du capital, par exemple, dans le cas du défaut de payement de la rente pendant deux ans, ou dans celui de l'ouverture d'un ordre ensuite de vente volontaire ou forcée. Dans ces divers cas, le propriétaire de la rente retirant l'intégralité du capital dont il est payé en entier, quelque disproportionné qu'il puisse être au temps présent avec la rente, fait un bénéfice réel. —

— Quant aux rentes foncières appelées vulgairement pensions établies par tradition de fonds, je pense qu'elles doivent être estimées au quatre et demi pour cent, comme les biens fonds, déduction faite des impôts; et si elles sont constituées avec directes et lots, ce qui peut arriver, lorsque le fonds inféodé était en franc-alleu, on y ajoutera la valeur des lots en supposant qu'ils échéaient de vingt en vingt-cinq ans. On doit encore ajouter à la masse toutes les sommes que celui de la succession duquel il s'agit, a payées en avancement d'hoirie à ses autres enfans, pour dot ou autrement, en un mot les sommes qu'il serait obligé de rapporter, en cas de partage ou de fixation de leur légitime. Ce n'est pas ici le lieu de distinguer toutes les choses qui sont sujettes aux rapports, d'avec celles qui ne le sont pas; on trouvera cette distinction dans les lois qui sont sous les titres du Digeste et du Code *de collatione*, *de collationibus*, *etc.*, et dans presque tous les auteurs, entre autres Barry, liv. 16, où il traite de la légitime. —

— Si la personne de la succession de laquelle il s'agit, avait gagné un augment ou contre-augment qui, par les termes du contrat de mariage, était reversible aux enfans, il est certain qu'il faudrait porter en masse sa portion virile. —

— Cette portion virile du père ou de la mère égale à celle des enfans, passe, à la vérité, de plein droit, à l'héritier ou au donataire universel, sans qu'il soit besoin que la disposition soit expresse (12); mais elle ne doit pas moins être ajoutée à la masse et fournir aux légitimes, à concurrence, puisque le père ou la mere pouvaient en disposer comme de leurs autres biens. —

— Dans le cas où le défunt aurait fait des donations de ses biens, long-temps avant son décès, ce n'est pas à l'époque de ces donations, où il faut considérer la valeur numéraire de ces mêmes biens, mais à celle de son décès; cependant, si les do-

(12) Arrêt du parlement de Grenoble, de l'avis des chambres, du 21 juin 1670.

nataires

nataires les avaient considérablement augmentées ou diminuées par des réparations importantes, ou par des détériorations considérables, il faudrait les estimer relativement à leur état physique, à l'époque des donations, mais sur le taux de leur valeur en argent à celle de la mort. —

Enfin, les experts ajouteront à la masse la valeur du mobilier dépendant de l'hoirie (13), suivant l'estimation contenue dans l'inventaire qui a pu en être fait; s'il n'a pas été fait d'inventaire estimatif, ils se feront représenter le mobilier par l'héritier, et en feront eux-mêmes une estimation détaillée, qu'ils coucheront dans leur rapport; si l'héritier ne veut ou ne peut le représenter (14), les experts donneront leur avis sur la valeur qu'ils présumeront qu'il pouvait avoir, et motiveront du mieux qu'il leur sera possible leur opinion à cet égard (15).

Passif.

Les experts dresseront un état détaillé et inséré dans leur rapports de toutes les dettes existantes au moment de l'ouverture de la succession, et en distrairont le montant sur la masse active (16). Il y a quelques observations à faire sur ce que doit comprendre cette distraction.

---

(13) M. Grand-Thoranne, dans son ouvrage, n'a pas parlé du mobilier; c'est évidemment une omission de sa part, les légitimaires y ont droit, comme sur tous les autres biens de la succession.

(14) Le mobilier peut avoir péri depuis l'ouverture de la succession, par suite d'un incendie, d'une inondation, d'un pillage ou de tout autre événement. Il peut aussi avoir été vendu par l'héritier. Dans le premier cas les experts prendront des informations sur la consistance et la valeur du mobilier auprès des tiers désintéressés dans la contestation, qui ont pu le connaître; ils consulteront à ce sujet les mémoires, livres et papiers domestiques, où il pourra en être question; ils écouteront encore, mais seulement à titre de renseignement, ce que les parties pourront leur dire à ce sujet et auront égard aux indications qu'elles donneront pour asseoir leur opinion; dans le second cas, ils s'informeront avec soin du prix que l'héritier a pu retirer du mobilier et feront toutes les recherches possibles pour s'assurer s'il n'a point été vendu à vil prix.

(15) Sauf au légitimaire à établir qu'il avait une plus grande valeur et à se faire admettre à un serment en plaid à ce sujet.

(16) Il est de principe qu'il n'y a de légitime que sur les biens libres de toute dette. L'héritier étant par cette seule qualité tenu de payer toutes les dettes du défunt et les créanciers n'ayant aucune action contre les légitimaires, ce serait en quelque sorte les lui faire payer deux fois que de ne pas les distraire de la masse avant de déterminer le montant des légitimes.

— Je puis certifier avoir vu des rapports où l'on avait fait déduction des legs faits par le testateur des dots qu'il avait constituées à ses filles dans leur contrat de mariage, non payées; des frais de son testament; enfin, de l'année de viduité de sa femme ; on ne sentait pas que ce sont là tout autant de dettes de l'héritier et nullement de la succession; en effet, tous les legs, même les pieux, en faveur d'hôpitaux, d'établissemens religieux, etc., sont des dispositions, des libéralités du testateur qui ne doivent point diminuer les légitimes des enfans; les dots constituées et dues ne sont autre chose que des légitimes assignées d'avance. Il serait donc bien singulier que les légitimes fussent diminuées par la déduction d'autres légitimes. Le testament est le titre personnel de l'héritier, contre les autres enfans légitimes; il serait donc très-injuste de leur faire supporter une partie de ses frais. Enfin, l'année de viduité, est tellement une dette propre de l'héritier, qu'elle se compense avec les intérêts de la dot et autres reprises de la femme pendant cette année; intérêt qui sont vraiment la dette de l'héritier, et les capitaux seulement dette de l'hoirie, et dans le cas d'être déduit. Ainsi, il est évident que ce serait tomber dans la voie du double emploi que de faire supporter à la masse l'année de viduité de la femme. —

— On doit distraire sur la masse indépendamment des dettes évidemment prouvées, les frais funéraires du défunt, l'habit de deuil de la veuve, et les legs contenus dans son testament pour des messes et prières, parce que tout cela est rangé dans la classe des frais funéraires, que les lois considèrent comme une dette ancienne, que nous contractons en naissant avec la certitude de mourir (17).

Cependant la disposition d'une somme pour la célébration de messes ne peut être censée faire partie des frais funéraires, qu'autant qu'elle est modérée et conforme à l'usage ordinaire; car si elle était excessive, alors elle serait regardée comme legs pieux à la charge par conséquent de l'héritier. —

— On doit aussi déduire sur la masse, comme chose privilégiée, les frais d'apposition de scellés et d'inventaire, lorsqu'ils ont été requis par la personne publique, en cas de pupillarité ou d'absence, et dans les autres cas qui réclament l'autorité de son ministère; mais si c'est l'héritier qui a fait pro-

(17) *Satius est enim de suo testorum. Leg.* 14, *ff. de relig. et sumpt. fun* § 1.

céder à l'inventaire, il faut distinguer s'il a accepté la succession sous le bénéfice d'inventaire, qu'il y ait assigné les légataires, les légitimaires et autres créanciers communs, par des assignations particulières, et les créanciers inconnus par des assignations générales (18); en ce cas, les frais d'inventaire doivent être distraits sur la masse comme privilégiés, mais cette déduction n'a pas lieu s'il s'est porté héritier pur et simple; car, en ce dernier cas, le privilége cessant, ces frais lui deviennent personnels (19).

§ 3. *Composition de masse pour expédition de légitime en nature, ou en corps héréditaire.*

— Dans cette seconde espèce, la légitime doit être expédiée en nature : cependant il n'est pas moins nécessaire de composer la masse, d'estimer les biens, et de faire la déduction ou distraction des dettes passives, de la maniere dont je viens d'en présenter un essai. —

— Cela est d'autant plus nécessaire que ces dettes sont acquittées par l'héritier, auquel doivent rester des biens de l'hoirie à due concurrence, et le légitimaire n'en obtient sa portion que sur ce qui reste net, après les distractions faites, ou dettes payées. —

— Des difficultés sérieuses s'étaient élevées à ce sujet entre des légitimaires et des héritiers : ceux-là prétendaient avoir leur portion entière des biens de la succession; l'augmentation progressive des biens fonds en valeur numéraire, les engageait à les préférer, et ils soutenaient que leur légitime étant, *quota pars hœreditatis*, on ne devait rien en retrancher, dès qu'ils se chargeaient des dettes à concurrence. —

---

(18) C'est-à-dire, que les huissiers affichaient et publiaient aux lieux ordinaires pour les publications.

(19) Cette dernière opinion de M. Graud-Thoranne ne nous paraît pas très-juste; car un héritier a bien pu se porter héritier pur et simple, et cependant avoir fait apposer les scellés pour la conservation des droits des tiers et des légitimaires eux-mêmes qui pouvaient se trouver absens. Par là il a prévenu les détournemens qu'auraient pu faire des tiers, il a mis les légitimaires à l'abri des préjudices qui auraient pu résulter pour eux de la perte totale ou partielle du mobilier, si sa mort survenant avait laissé ce mobilier à la disposition de personnes peu délicates : Peut-on, avec justice, mettre en entier à sa charge les frais des actes qu'il a faits pour éviter toute contestation et conserver intacts les droits des légitimaires eux-mêmes, et leur éviter des frais et des dépenses considérables souvent ruineuses pour eux.

— Les héritiers soutenaient au contraire que la légitime n'était que *quota pars bonorum*, et sur le principe que, *bonâ dicuntur, deducto œre alieno*, c'était à eux de payer les dettes, et que les légitimaires ne devaient obtenir des biens que sur ce qui restait libre après leur déduction : c'est ce qui a été jugé en faveur des héritiers, par plusieurs arrêts qui ont fixé la jurisprudence, sur ce point, d'une maniere invariable.—

— Je fais néanmoins observer que les légitimaires sont fondés à soutenir que les dettes passives doivent d'abord être payées, de l'argent comptant, des dettes actives, du prix des fruits et denrées existantes au décès, et du mobilier en général, avant que de toucher aux biens fonds ; car il ne serait pas juste que l'héritier se prévalût, à son gré, de cette dernière espèce de biens plus précieux que l'autre, à concurrence des dettes passives, tandis qu'il y aurait, en mobilier, de quoi les compenser ou les payer, en tout ou en partie. —

— Voici une observation que je crois très-importante. Si les biens de la succession n'étaient chargés d'aucune dette passive, il ne paraît pas qu'il fut nécessaire de les estimer en argent ; dans cette espèce de composition de masse, il serait tout simple d'en assigner sa portion au légitimaire, à concurrence de la sixieme, neuvième ou douzième portion, etc. (20). Ainsi, lorsque j'ai dit qu'il faut en faire l'estimation, j'ai supposé qu'il y a des dettes passives à distraire ; comment, en effet, pourrait-on connaître ce qui reste net, sans une estimation en valeur numéraire ? Mais il faut bien faire attention, 1° que c'est sur le taux des mêmes estimations que les experts doivent ensuite assigner leurs portions aux légitimaires ; 2° que pour l'esti-

(20) Il est évident que M. Grand-Thoranne a commis ici une erreur et a avancé une proposition en opposition directe avec le but de son ouvrage qui est de prévenir l'arbitraire dans les rapports d'experts. Comment les experts auraient-ils la certitude qu'ils ne donnent à chaque légitimaire que la sixième, la neuvième ou la douzième portion lui revenant, s'ils ne faisaient pas l'estimation des biens ? Sur quoi pourraient-ils motiver leurs rapports ? une succession n'est pas un corps matériel et homogène, que l'on puisse diviser par portions égales ou inégales à volonté, à l'aide d'un compas, d'une mesure ou d'un poids. Tout serait donc arbitraire de leur part, il serait absolument impossible de vérifier si leur travail fait justice aux parties, d'autant plus qu'ils ne le sauraient pas eux-mêmes.

Aujourd'hui un rapport ainsi fait ne pourrait soutenir les regards de la justice, de simples conclusions et sa représentation, sans plaidoiries ni la moindre discussion suffiraient pour le faire annuler.

mation des biens fonds, il ne faut pas distraire sur les revenus, comme dans la première procédure, les impositions et charges annuelles, puisque le légitimaire doit les supporter lui-même, à due concurrence, sur les immeubles qui vont lui être assignés. —

— Opérer autrement, ce serait d'abord adjuger à l'héritier le capital de ses charges annuelles, et le lui payer en biens fonds, premier et notable préjudice au légitimaire, et de plus faire supporter à celui-ci, comme dette qui diminue la masse, et par conséquent sa légitime, des charges dont il supporte sa quote-part en nature, ce qui formerait un double emploi, très-nuisible au légitimaire. —

— Au reste, on sait que les procédures d'estimation de succession ou de composition de masse en corps héréditaire, se font aux frais de la succession même, tandis que ceux de celles où il s'agit de supplément de légitime, doivent être fournis par le légitimaire, sauf à les recouvrer contre l'héritier, dans le cas où il y aura vraiment lieu à supplément. —

— Une autre observation essentielle doit encore trouver ici sa place, pour dissiper une erreur vulgaire que j'ai vu souvent influer, d'une manière même assez bizarre, sur des rapports d'experts de ce genre. —

— Les légitimaires s'imaginent qu'ils sont en droit de prendre une portion de tous les fonds de la succession, en proportion de leur légitime. Les héritiers, par caprice, par une espèce de vengeance, ou dans l'objet de dégoûter les demandeurs, soutiennent aussi quelquefois qu'ils peuvent les obliger à recevoir et prendre une petite portion sur chaque article. Enfin, des experts, peu versés dans ce genre d'opérations, ont pensé qu'ils ne pouvaient s'en dispenser, et ont opéré en conséquence (21). —

(21) La plupart des experts et surtout des experts de campagne, étaient tellement imbus de cette idée, que, sous l'empire des nouvelles lois et notamment au commencement de la révolution, nonobstant les observations de M. Grand-Thoranne, que beaucoup à la vérité ne connaissaient pas et que d'autres ne croyaient plus devoir observer, ils s'appliquaient, surtout lorsqu'il s'agissait de succession en ligne directe, de diviser chaque article d'immeuble, en autant de portion, quelque petites qu'elles fussent, qu'il y avait de copartageans, sans se mettre en peine du tort que cela pouvait leur faire et des graves inconvéniens qui en résultait pour l'agriculture.

Cela était, il est vrai, dans l'esprit des lois révolutionnaires et notamment dans celui de celle du 17 nivôse an 2. Aussi, ce système avait-il eu quelque

— Cette erreur, tout à la fois funeste aux intéressés et au bien de l'agriculture, est dévoilée et rejetée par Barry, dans son Traité des successions, liv. 16, art. 9, où il dit que quoique suivant l'opinion commune, le légitimaire ait sa portion indivise, et qu'ainsi il peut à la rigueur prendre sa légitime sur toutes les choses qui la composent, néanmoins par équité, par l'autorité du juge et la sagacité des experts, elle doit lui être assignée en une ou deux choses, même malgré lui, et il invoque à ce sujet des autorités. —

— On doit l'avouer, cet auteur, en partant d'un bon principe, paraît avoir resserré lui-même le droit du légitimaire dans des bornes trop étroites, en le réduisant à une ou deux choses. En effet, si les biens de la succession consistent, par exemple, en terres labourables, prairies, vignes et bois taillis, je ne vois pas qu'il y ait un inconvénient à assigner au légitimaire une portion sur ces quatre espèces de biens, pourvu que ce soit sans porter un préjudice notable au domaine, et autant qu'il est possible de proche en proche. —

— Je ne vois pas aussi qu'on puisse refuser, avec justice, de lui assigner sa portion des capitaux de bestiaux et de semences, des outils d'agriculture, meubles, vases et ustensiles pour le vin, et sa portion des bâtimens pour son habitation, et pour placer son bétail, si cela peut se faire sans une très-grande incommodité. —

— Il y a sur cet objet une différence essentielle entre les légitimes en argent, ou supplément de légitime, et les légitimes qui s'expédient en nature ou en corps héréditaire. —

— Au premier cas, les bâtimens nécessaires pour loger le fermier ou l'agriculteur, et ses bestiaux, et pour l'exploitation

---

sorte prévalu dans toute la France, malgré la résistance de tous les bons esprits et ses conséquences funestes : c'est ce qui a donné lieu aux dispositions des articles 824, 827 du Code civil ; 970, 972, 974 du Code de procédure, et surtout à l'article 832 du Code civil qui porte expressément « dans la for» mation et composition des lots, on doit éviter, autant que possible, de » morceller les héritages et de diviser les exploitations, et il convient de faire » entrer dans chaque lot, *s'il se peut*, la même quantité de meubles, d'im» meubles, de droits ou de créances de même nature. »

Nonobstant des dispositions aussi précises, on trouve encore des experts qui ne voient rien d'impartageable, et veulent absolument, quoiqu'on puisse leur dire, procéder par morcellement : leur entêtement, toujours très-fatigant pour ceux qui opèrent avec eux, est souvent très-préjudiciable aux parties.

des biens ruraux, les outils et voitures servant à l'agriculture, les pressoirs, cuves, tonneaux et autres ustensiles pour le vin, ne doivent pas être estimés, parce que la valeur qu'on peut leur supposer se trouve incorporée avec les revenus de l'héritage qui seraient fixés à plus bas prix, s'il n'était pas pourvu de toutes ces choses.

— Mais dès lors que le légitimaire obtient sa légitime en nature, en corps héréditaire, ou en biens fonds, on conçoit qu'il a aussi besoin de bâtimens pour pouvoir loger le cultivateur, placer les bestiaux nécessaires à la consommation des fourrages et fournissement des engrais, et pour retirer sa récolte, et qu'il en est de même des capitaux de bestiaux, de semences, des outils et des attelages servant à la culture, et des vases et meubles vinaires; en sorte qu'il serait ridicule et injuste que l'héritier retînt tout et que le légitimaire en fût entièrement privé. —

— Cependant s'il n'est pas possible de satisfaire ce légitimaire sur tous ces objets, sans un notable préjudice pour la chose commune: en ce cas, l'héritier doit le dédommager à concurrence de ce qui ne pourra pas lui être remis et expédié, et c'est aux experts à fixer ce dédommagement par un remplacement d'autres choses équivalentes, ou en argent. —

— Et pour mettre la justice en état de décider si vraiment on n'a pas pu expédier la portion entière au légitimaire, et si les dédommagemens sont justes, les experts doivent prendre le plus grand soin, dans ce cas particulier, de décrire les bâtimens de la succession, leur dimension, distribution, aptitude, état, etc., et les motifs qui ont déterminé leurs opérations et leur opinion à ce sujet, avec tant de clarté et de précision, que les magistrats soient en état d'en juger, sans qu'il soit besoin d'autres procédures (22). —

— Nous terminerons ce paragraphe en faisant observer que celui qui demande sa légitime en corps héréditaire, est obligé nécessairement à répudier le legs en argent qui lui a été fait, obligation qui n'est pas imposée à celui qui se borne à demander un supplément de légitime en argent; en sorte que s'il était prouvé par une procédure que sa légitime est inférieure au legs, il peut revenir à demander et exiger le legs en payant, à la vérité, les dépens auxquels son imprudente demande a

(22) Voir au sujet de la multiplicité des procédures les chapitres 2 et 3 ci-devant.

donné lieu; mais celui qui a répudié le legs pour demander sa légitime en nature ne peut plus se rétracter pour réclamer son legs en argent (23). —

---

(23) Aujourd'hui il ne saurait guère plus être question de demande en expédition de légitime en corps héréditaire, les quarante-cinq ans qui se sont écoulés depuis que l'ancien droit écrit a été abrogé sur cette matière, ont été plus que suffisans pour épuiser ou prescrire les demandes des légitimaires dont les droits étaient ouverts en 1790. Aussi, le paragraphe qu'on vient de lire, est-il, par le fait, plus curieux qu'utile, et nous ne l'avons donné que comme complément aux autres, et parce qu'il peut parfois faciliter l'intelligence des anciennes décisions, actes ou traités qui portent sur des demandes légitimaires en corps héréditaire.

Il n'en est pas tout à fait de même des demandes en supplément de légitime: il existe encore beaucoup de contestations à ce sujet qui ne seront pas terminées de longtemps.

Nous devons à cet égard aux personnes qui ne sont pas familières avec l'ancien droit, et c'est le plus grand nombre, une explication qui aurait peut-être dû précéder ce chapitre, et dont nous avons déjà dit quelque chose dans le chapitre 10.

Dans les pays où l'ancien droit écrit (les lois romaines) était observé, la succession du père ou de la mère qui mourait *intestat* se partageait également entre leurs enfans. Mais lorsqu'ils faisaient un testament, qu'ils instituaient un héritier, ils étaient obligés d'appeler tous leurs enfans, et de leur faire des legs quelconques à peine de nullité pour cause de prétérition ; à moins qu'ils ne déclarassent expressément, et en les désignant individuellement, les déshériter pour les causes et suivant les cas prévus par les lois romaines.

Ces legs avec les dots qu'ils avaient pu constituer à leurs filles et les autres donations par eux faites en avancement d'hoirie, étaient réputée former les légitimes de droit des enfans ; mais il fallait que ces legs avec les donations fussent egaux au taux fixé par les lois pour le montant des légitimes (Voir le § 4) ; s'ils étaient inférieurs, les légitimaires étaient en droit d'exiger qu'on y ajouta ce qui manquait pour égaler le taux de la loi et c'est cette addition qu'on appelait supplément de légitime.

L'action pour l'obtenir durait trente ans à compter de l'ouverture de la succession, si le légitimaire était à cette époque hors de la maison paternelle, ou à compter seulement du jour où il en était sorti s'il ne l'avait quittée qu'après, car tant qu'il y habitait et vivait avec l'héritier, il était réputé assis sur son gage, et la prescription ne courait pas contre lui. C'est ce qui est cause que des actions de ce genre étaient souvent intentées plus de cinquante ans après l'ouverture de la succession et le plus ordinairement par les héritiers des légitimaires ; ainsi il ne serait point étonnant de voir encore naître des procès de ce genre, outre ceux qui sont en instance.

Il pourrait même se présenter encore quelques cas de demande en expédition de légitime en corps héréditaire, les règles de la prescription à cet égard étant les mêmes que pour les supplémens de légitimes. Mais on conçoit qu'une foule de circonstances s'opposent à ce qu'elles fussent encore admissibles.

§ 4. *Du taux des légitimes.*

Dans l'ancien droit, la légitime formait pour les enfans ce que nous appelons aujourd'hui la réserve légale, et cela en ce sens que l'héritier institué, s'il était au nombre des enfans, prenait tout à la fois ce que lui attribuait l'institution et la légitime que la loi lui accordait comme étant au nombre de ses enfans.

Le taux des légitimes variait suivant le nombre d'enfans à quatre et en dessous, la légitime était du tiers de la portion cohéréditaire que chaque enfant aurait eu si son père ou sa mère fussent morts *intestat;* au-dessus de quatre enfans, en commençant par cinq, elle était de la moitié de ce qu'il aurait eu comme cohéritier.

Ainsi la légitime d'un seul enfant était le tiers de la succession.

A deux elle était le sixième.

A trois le neuvième.

A quatre le douzième.

A cinq le dixième.

A six le douzième.

A sept le quatorzième.

Et ainsi des autres en suivant la même proportion.

CHAPITRE XXIV.

Estimations relatives aux usufruits et aux rentes, ou pensions viagères.

§ 1er. *Observations générales.*

— Si une succession est chargée de quelques usufruits, pensions ou rentes viagères, il faut en faire la déduction sur la masse. Je ne parle pas de celles que le testateur peut avoir créées sur ses biens en forme de legs, ou qu'il pourrait avoir constituées en avancement d'hoirie à quelqu'un de ses enfans ; car j'ai observé qu'il était absurde d'imaginer que ces destinations ou ces legs pussent diminuer les légitimes des autres enfans. —

— Il s'agit des rentes viagères constituées sur la succession comme dettes, et des usufruits ou pensions imposées sur la même succession en faveur d'une veuve, de parens collatéraux ou d'étrangers par des actes antérieurs au décès de celui de la succession duquel il s'agit, et qui n'émanent pas de sa libéralité dans les dernières dispositions de ses biens. —

— Il est possible aussi que le défunt eût placé lui-même de l'argent en rentes viagères sur d'autres têtes que la sienne ; en ce cas, ce serait une augmentation à la masse qui exigerait aussi une évaluation. —

— J'avoue qu'on pourrait adjuger au légitimaire une portion de ces rentes viagères en proportion de sa légitime, et le charger de payer, à même concurrence, les rentes viagères, pensions ou usufruit. —

— Mais cela peut ne pas convenir dans tous les cas; celui, par exemple, ou un légitimaire est destiné à s'expatrier pour aller s'établir dans des pays éloignés, comme dans l'une des deux Indes, il veut obtenir et y porter sa légitime, rien de plus et rien de moins : il est donc utile de chercher à connaître la valeur de ces jouissances à vie. —

— D'ailleurs cette connaissance peut servir dans une infinité d'autres cas que l'estimation d'une succession. —

— Le terme présumé de la vie humaine, ou, si l'on veut, la probabilité de sa durée, est le premier des deux principes d'où l'on doit partir pour cette évaluation, et le second doit se trouver dans les calculs des temps nécessaires pour consommer les capitaux des rentes viagères ou usufruits; ce n'est que par le secours mutuel que se prêtent ces deux principes dans leur développement qu'on peut résoudre le probleme, c'est-à-dire s'assurer des valeurs. —

Dans la suite de son chapitre 6, M. Grand-Thoranne développe les principes qu'il vient de poser; nous ne croyons pas devoir répéter les détails qu'il donne à ce sujet, parce qu'aujourd'hui les experts n'ont presque jamais à s'occuper de ces sortes d'opérations, elles n'entrent que très-rarement dans leurs missions; et en effet, si une succession est grevée d'un usufruit général ou de nature à en absorber tous les produits, le partage entre les cohéritiers ne peut porter que sur la nue propriété, et ils sont obligés d'attendre pour entrer en jouissance que l'usufruit soit fini.

Si l'usufruit n'est que d'une quote-part, de la moitié, du tiers ou du quart par exemple, chaque cohéritier est obligé de souffrir l'exercice de l'usufruit sur sa portion jusqu'à due concurrence.

A l'égard des rentes ou pensions viagères, la dette se divise entre les cohéritiers, et chacun est tenu d'en payer sa portion, sauf néanmoins le cas d'hypothèque spéciale prévu par l'art. 872 du Code civil; voir ci-après la note 1.

Ainsi, ce n'est maintenant que dans des cas très-rares qu'il peut arriver que des experts aient à s'expliquer sur la valeur capitale des usufruits, des rentes ou pensions viagères (1). Ils

(1) Une vente est attaquée pour cause de lésion, dans cette vente il était stipulé une réserve d'usufruit ou le payement d'une rente viagère, cette circonstance a dû nécessairement influer sur le prix Suivant nous, c'est aux juges appelés à statuer sur la demande en lésion, à juger de cette influence; ils ont alors à apprécier la valeur de la nue propriété d'après le montant de l'usufruit ou de la rente, et la probabilité de la durée de la vie de l'usufruitier ou du rentier, et ce, suivant les diverses circonstances qui ont accompagné la constitution de l'usufruit ou de la rente. Cependant les juges peuvent ordonner aux experts d'émettre un avis sur ces divers objets.

Les experts chargés de l'estimation des immeubles pour un partage, peuvent aussi, d'après le cas prévu par l'art. 975 du Code de procédure, être chargés de la formation des lots, et alors il faut nécessairement qu'ils fassent la composition de masse par rapport aux rentes hypothécaires qui peuvent grever spécialement certains des immeubles, afin de distraire de leur valeur les capitaux de ces rentes pour que les cohéritiers, dans les lots desquels ils tomberont, soient seuls chargés du service de la rente conformément à l'art. 872 du Code

trouveront dans les observations ci-dessus de M. Grand-Thoranne et dans le paragraphe suivant les principes et les renseignemens propres à les guider dans leurs évaluations.

§ 2. *Estimation de la nue propriété des immeubles sujets à un usufruit ou à un usage.*

On estimera les immeubles comme s'ils étaient libres de toutes charges, c'est-à-dire de la manière que nous avons indiquée aux chapitres 5 et 6 ci-devant, seulement on capitalisera leur produit au cinq pour cent : on recherchera ensuite quelle peut être la durée probable de la vie de l'usufruitier; cela connu, on calculera quelle est la somme qui jointe à son intérêt composé au cinq pour cent donne une somme égale à l'estimation des immeubles ; on ajoutera ensuite à cette somme la différence qui pourra résulter de ce que pour avoir la vraie valeur des immeubles, il aurait fallu en capitaliser le produit au 3, 3 1/2, 4 ou 4 1/2 pour cent au lieu du 5 ; l'opération sera inverse si l'usufruit porte sur des bâtimens ou des immeubles dont on ne doit capitaliser les produits qu'au 6, 6 1/2, 7, 7 1/2, 8 pour cent au plus.

Par exemple, si les immeubles sont estimés 20,000 fr. et que l'usufruitier soit âgé de 43 ans, la probabilité de son existence sera de vingt ans et un mois environ (2), la valeur de la nue propriété sera de 7500 f., parce qu'en y joignant chaque année son intérêt composé au cinq pour cent, cette somme donne au bout de vingt ans et un mois 20,000 fr. à une petite fraction près. Mais si les produits qu'on suppose ici de 1000 f. devaient,

---

civil ; il en est de même pour l'usufruit dont un immeuble peut être spécialement grevé, car un usufruit peut toujours être considéré comme une rente viagère, dont le montant est déterminé par le produit de l'immeuble qui en est frappé.

Voilà, il nous semble, les deux seuls cas où les experts peuvent avoir à s'occuper de l'évaluation des rentes viagères et des usufruits sous le rapport des capitaux qu'ils représentent.

Alors ils procéderont comme nous l'indiquons dans les §§ suivans, en ayant soin de ne point perdre de vue les circonstances qui ont pu accompagner la constitution de l'usufruit ou de la rente.

Comme dans ces sortes d'évaluations tout prête à l'arbitraire, les experts doivent avoir soin de bien détailler toutes les opérations et de faire connaître tous les faits et toutes les circonstances propres à motiver et appuyer leur opinion. Voir le § 5 à la fin et notamment la note 10.

(2) Voir la table des probabilités de la vie, § 5

pour faire connaître la vraie valeur des immeubles, être capitalisé au 4 pour cent au lieu du 5, il faudra ajouter à la somme de 7500 fr. celle de 5000 fr., parce qu'au 4 pour cent de produit, le prix réel des immeubles, sans aucune distraction, seraient de 25,000 fr. au lieu de 20,000 fr., ainsi, dans ce cas, la valeur de la nue propriété sera de 12,500 fr.; mais si, au contraire, le produit devait être capitalisé au 6 pour cent seulement, la valeur réelle des immeubles ne sera plus que de 16,666 f. 66 c.; en conséquence, il faudra retrancher de 7500 f. 3333 fr. 34 c., et la valeur de la nue propriété ne sera plus que de 4136 fr. 66 c. On fera sans doute observer que si le produit des immeubles devait être capitalisé sur le pied du 8 ou du 9 pour cent, la valeur de la nue propriété serait nulle; mais, dans ce cas, l'usufruit porte sur des bâtimens qui, à la mort de l'usufruitier, seront entièrement ruinés, et n'auront d'autre valeur que celle du sol ou des matériaux; mais aussi l'usufruit diminuera progressivement à mesure que les bâtimens tomberont en ruine et finira par être nul (3). Ce sera alors le cas de calculer quel peut être le terme moyen de l'usufruit suivant sa réduction progressive, et ce terme pourra fort bien n'être plus que de 500 fr. ou même de 400 fr. au lieu de 1000 fr. On pourra agir d'une manière plus simple en se bornant à estimer quelle sera la valeur du sol et des matériaux à la mort de l'usufruitier et en réduisant cette valeur du quart, du tiers ou de la moitié, suivant la probabilité de la durée de l'usufruit (4).

Si l'usufruit n'est que du quart, du tiers, de la moitié ou d'une autre quotité quelconque, on opère sur le quart, le tiers, la moitié, etc., de la valeur totale des immeubles, pour reconnaître quelle est la valeur de la nue propriété de cette partie.

§ 3. *Estimation de la valeur des usufruits.*

On estimera le produit annuel de l'usufruit (5), et l'on recherchera ensuite de quelle somme cet usufruit couvrirait les intérêts, en fournissant en même temps un fonds d'amortisse-

---

(3) Cela est si vrai, que le propriétaire de la nue propriété est en droit de se retenir sur les produits l'intérêt des sommes par lui employées aux grosses réparations qui pouvaient être nécessaires aux bâtimens, ce qui diminue d'autant l'usufruit.

(4) Voir le § 5 *in fine* et la note 8.

(5) En faisant cette estimation, il faudra avoir soin de distraire les impositions et les charges annuelles dont l'usufruit est tenu.

ment suffisant pour solder le capital pendant la durée probable de la vie de l'usufruitier.

Ainsi, si l'usufruit produit une somme de 1000 fr. annuellement et que la probabilité de la vie de l'usufruitier soit de vingt ans et un mois, la valeur de l'usufruit sera de 12,500 fr., parce que le produit annuel de 1000 f. soldera les intérêts de 12,500 f., et fournira en même temps un fonds d'amortissement suffisant pour rembourser au bout de vingt ans et un mois le capital à une fraction près (6).

§ 4. *Estimation des rentes ou pensions viagères.*

Il est évident que l'estimation de la valeur en capital des rentes ou pensions viagères doit avoir lieu absolument de la même manière que celle des usufruits, seulement, à moins que la rente ou pension ne soit en denrées qu'il faut alors estimer, il n'y aura qu'un simple calcul à faire, le montant de la pension représentant le produit de l'usufruit.

S'il s'agit d'opérer une distraction sur une valeur immobilière, il faut considérer la rente comme étant un usufruit, dont la quotité annuelle est connue et procéder comme il est dit au § 2, en examinant si cette rente absorbe la totalité, le quart, le tiers, la moitié ou une autre portion des fruits des immeubles.

§ 5. *Observations particulières.*

Dans son chapitre 6, M. Grand-Thoranne a eu un double objet en vue, 1° tracer la marche à suivre par les experts et leur donner le moyen de faire les évaluations nécessaires pour opérer les distractions ou additions aux compositions de masse pouvant résulter des usufruits ou rentes viagères à charge ou au profit de l'hoirie.

2° Faciliter à ceux qui veulent faire ou prendre des placemens à fonds perdus, le calcul du capital à y employer et du taux de la rente à stipuler.

Il entre, quant au premier objet, ainsi que nous l'avons déjà dit, dans de très-grands développemens que nous ne croyons pas devoir rapporter; à l'égard des placemens à fonds perdus, nous ferons en outre observer que déjà rare en 1785 (7), ils le sont encore plus maintenant. Ils n'ont lieu ordinairement que

---

(6) Voir la table des probabilités de la vie, § 5.

(7) Comme le dit lui-même, M. Grand-Thoranne.

par des célibataires âgés et sans famille qui n'ayant que très-peu de fortune cherchent à se procurer, par l'aliénation de leurs capitaux, des moyens d'existence ou d'aisance que leur travail ne peut plus leur fournir.

C'est alors un véritable contrat aléatoire que font les parties, pour lequel il n'y a aucune base certaine, une personne de 60 ans peut fort bien vivre encore quinze ou vingt ans comme elle peut mourir longtemps avant les onze ans qu'indiquent les probabilités.

A l'appui de ses raisonnemens, M. Grand-Thoranne donne la table de M. Duprés de Saint-Maur sur les probabilités de la vie (8), qu'il fait suivre de douze autres tables présentant année par année la marche progressive de l'extinction des capitaux des rentes, suivant qu'elles sont constituées au 6 1/2, 7, 7 1/2 jusqu'au 12 pour cent. Ces tables ne sont autre chose que le calcul de l'amortissement, que toutes les personnes qui ont quelques connaissances en mathématiques sont actuellement habituées à faire, c'est pourquoi nous ne donnerons que la table de M. de Saint-Maur, en présentant ensuite les principales conséquences que M. Grand-Thoranne tire de la combinaison de cette table avec les siennes.

---

(8) La table de M. de St-Maur a été dressée d'après les indications données par les registres des décès de trois paroisses de Paris et de douze de la campagne. S'il eut opéré sur un plus grand nombre de paroisses, soit de ville, soit de la campagne, il est vraisemblable qu'il aurait eu des résultats différens. Il y a bientôt plus de 80 ans que la table de M. de St-Maur a été dressée, l'augmentation de la population, l'accroissement des moyens d'existence et d'aisance, et surtout la découverte de la vaccine qui ont eu lieu depuis, ont certainement influé sur la durée de la vie des hommes en général, en ne tenant pas compte de destructions accidentelles, telles que les guerres, les épidémies, la peste, le choléra, etc.; mais les différences que cela peut présenter ne sauraient être assez fortes pour s'y arrêter, surtout dans une matière où il ne peut rien y avoir de positif ni de mathématique.

Il existe encore d'autres tables sur les probabilités de la vie, mais la plupart sont dressées sur des registres de grandes villes ou sur un certain nombre d'hommes de choix; elles ne sauraient s'appliquer au calcul des rentes.

Table de la durée de la vie, suivant les probabilités généralement reçues.

AGE. NOMBRE D'ANNÉES.	DURÉE de la vie, outre les années de l'âge.		TOTAL de la durée de la vie.	
ANNÉES.	ANS.	MOIS.	ANS.	MOIS.
0	»	»	8	»
1	33	»	34	»
2	38	»	40	»
3	40	»	43	»
4	41	»	45	»
5	41	6	46	6
6	42	»	48	»
7	42	3	49	3
8	41	6	49	6
9	40	10	49	10
10	40	2	50	2
11	39	6	50	6
12	38	9	50	9
13	38	1	51	1
14	37	5	51	5
15	36	9	51	9
16	36	»	52	»
17	35	4	52	4
18	34	8	52	8
19	34	»	53	»
20	33	5	53	5
21	32	11	53	11
23	32	4	54	4
23	31	10	54	10
24	31	3	55	3
25	30	9	55	9
26	30	2	56	2
27	29	7	56	7
28	29	»	57	»
29	28	6	57	6
30	28	»	58	»
31	27	6	58	6
32	26	11	58	11

AGE NOMBRE D'ANNÉES.	DURÉE de la vie, outre les années de l'âge.		TOTAL de la durée de la vie.	
ANNÉES.	ANS.	MOIS.	ANS.	MOIS.
33	26	3	59	3
34	25	7	59	7
35	25	»	60	»
36	24	5	60	5
37	23	10	60	10
38	23	3	61	3
39	22	8	61	8
40	22	1	62	1
41	21	6	62	6
42	20	11	62	11
43	20	4	63	4
44	19	9	63	9
45	19	3	64	3
46	18	9	64	9
47	18	2	65	2
48	17	8	65	8
49	17	2	66	2
50	16	7	66	7
51	16	»	67	»
52	15	6	67	6
53	15	»	68	»
54	14	6	68	6
55	14	»	69	»
56	13	5	69	5
57	12	10	69	10
58	12	3	70	3
59	11	8	70	8
60	11	1	71	1
61	10	6	71	6
62	10	»	72	»
63	9	6	72	6
64	9	»	73	»
65	8	6	73	6
66	8	»	74	»
67	7	6	74	6
68	7	»	75	»

AGE. NOMBRE D'ANNÉES.	DURÉE de la vie, outre les années de l'âge.		TOTAL de la durée de la vie.	
ANNÉES.	ANS.	MOIS.	ANS.	MOIS.
69	6	7	75	7
70	6	2	76	2
71	5	8	76	8
72	5	4	77	4
73	5	»	78	»
74	4	9	78	9
75	4	6	79	6
76	4	3	80	3
77	4	1	81	1
78	3	11	81	11
79	3	9	82	9
80	3	7	83	7
81	3	5	84	5
82	3	3	85	3
83	3	2	86	2
84	3	1	87	1
85	3	»	88	»

Le Tableau suivant présente les conséquences des calculs de M. Grand-Thoranne.

A L'AGE de	LA PROBABILITÉ de la vie est de		LE TAUX de la rente de	L'AMORTISSEMENT de
26 ans.	30 ans et 2 m.		6 1/2 p. 100.	1 1/2 p. 100.
34	25	7	7	2
39	22	8	7 1/2	2 1/2
43	20	4	8	3
47	18	2	8 1/2	3 1/2
50	16	7	9	4
53	15	»	9 1/2	4 1/2
55	14	»	10	5
57	12	10	10 1/2	5 1/2
58	12	3	11	6
59	11	8	11 1/2	6 1/2
60	11	1	12	7

D'après ce tableau, l'amortissement, pendant la durée probable de vie qu'a encore le rentier, absorbe le capital de la rente, c'est-à-dire que la rente équivaut au capital. Ainsi il y aura bénéfice pour celui qui paye la rente et perte pour le rentier si ce dernier meurt avant l'époque indiquée par les probabilités, et *vice versâ* si le rentier ne meurt qu'après (9).

Si la durée probable de la vie du rentier est différente de celles indiquées au tableau ci-dessus, il faudra procéder comme nous l'avons indiqué dans les §§ 2, 3 et 4 (10).

Mais, nous croyons devoir le répéter, il n'y a rien de certain dans les bases de tous ces calculs, rien ne saurait garantir que des personnes de vingt-six ou trente-quatre ans vivront encore trente ou vingt-cinq ans, comme rien non plus ne peut assurer qu'elles ne dépasseront pas ce terme d'un nombre d'années encore plus long, tout dépend ici de circonstances, de faits et d'événemens entièrement indépendans du pouvoir et de la volonté de l'homme, et que son intelligence ne saurait ni prévoir ni approfondir, et l'on peut dire que les probabilités admises ne sont faites que pour tracer une espèce de règle dans une matière où la marche de la nature n'en n'indique point, et où elle semble prendre à tâche de démentir tous les jours et à tous les instans les prévisions de l'homme.

---

(9) Le taux de la rente étant connu, il n'est rien d'aussi facile que de connaître sa valeur en capital; il suffit d'ajouter deux zéros au chiffre de son montant et diviser par son taux, le quotient donne sa valeur capitale; ainsi si la rente est de 1000 fr., j'ajoute deux zéros, j'ai 100,000; son taux est de huit pour cent; je divise 100,000 par 8 et j'ai 12,500 au quotient, qui est la valeur capitale de la rente; nous ajouterons que cette opération indiquée par M. Grand-Thoranne et qui est à présent connue de tout le monde, sert également à reconnaître la valeur de la nue propriété des immeubles sujets à usufruit, il suffit de considérer l'usufruit comme une rente et de retrancher sa valeur en capital de la valeur réelle des immeubles : voir le § 2.

(10) Si l'âge du rentier se trouve intermédiaire avec deux des âges indiqués, on pourra se borner à prendre celui des deux qui sera le plus rapproché de celui du rentier; par exemple, s'il a 27 ou 28 ans, on prendra 26; s'il en a 31 ou 32, on prendra 34. On pourra même, à ce sujet, se décider par des circonstances étrangères à celle de l'âge, telle que la santé ou la constitution du rentier ou usufruitier; mais il faudra alors bien faire connaître et bien détailler les faits.

CHAPITRE XXV.

Des formalités à observer par les experts (1).

1° Ensuite de l'assignation qui leur est donnée (2), les experts doivent se présenter exactement aux lieu, jour et heure indiqués par le magistrat chargé de recevoir leur serment, qu'ils font dans la forme ordinaire, de bien et fidèlement remplir la mission qui leur est confiée. Cod. proc. 307 (3).

2° A l'instant même de leur prestation de serment, les experts doivent indiquer le jour et l'heure où ils procéderont à leurs opérations, pour qu'il puisse en être fait mention dans le procès-verbal de prestation de serment. Cod. proc. 315 (4).

---

(1) Nous avons déjà fait connaître la plupart de ces formalités (voir entre autres le chapitre 4); mais nous avons cru utile d'en présenter le tableau entier dans un chapitre particulier, en l'accompagnant de quelques observations sur les difficultés que ces formalités peuvent faire naître.

(2) Il n'est pas rigoureusement nécessaire que les experts soient assignés pour venir prêter serment, ils peuvent paraître volontairement sur l'indication du juge, et cette manière de procéder, qui épargne des frais, n'entraîne aucune espèce d'inconvénient ni de nullité.

(3) Voir le chap. 4.

Si les experts se permettaient de procéder avant d'avoir prêté serment, tout ce qu'ils auraient fait jusque-là, et même leur rapport entier, serait nul et réputé non avenu : en effet, tant que les experts n'ont pas prêté serment, ils sont sans caractère et, par le fait, sans mission, puisque, jusque-là, ils peuvent se refuser à être experts. C'est ici une formalité substantielle, dont l'omission entraîne une nullité, *ratione materiæ*, que rien ne peut couvrir, peu importe que la loi ne l'ait pas prononcée; les experts seraient sans droit pour exiger le payement de leurs vacations, et tous les frais qu'ils auraient faits resteraient à leur charge; ils pourraient même être condamnés en tous ceux auxquels la demande en nullité de leur rapport aurait donné lieu.

Une fois que les experts ont prêté serment, ils ne peuvent plus se démettre, à moins que les parties ne s'accordent pour accepter leur démission et en nommer d'autres. Cod. de proc. 320. A l'égard des rapports ordonnés par l'administration, il n'y a lieu à aucune prestation de serment.

(4) La formalité de l'indication du jour où les experts doivent procéder, n'entraîne point une nullité absolue; elle peut être couverte par la présence des parties à leurs opérations, et même par une simple sommation qui aurait été faite aux autres, pour paraître aux jour et heure où les experts ont opéré.

Si les parties sont présentes en personne ou par le moyen de leurs avoués, il convient que les experts s'entendent avec elles pour l'indication du jour et de l'heure où ils opéreront, afin qu'elles puissent s'y trouver si elles le veulent; si, au contraire, quelqu'une des parties ne paraît pas, les experts doivent faire leur indication de manière à ce que les parties requérantes ou présentes aient le temps de prendre expédition du procès-verval et de faire sommation aux parties qui n'ont pas paru.

3° Les experts, avant d'opérer, doivent se faire remettre le jugement qui ordonne le rapport et les pièces que les parties jugent leur être nécessaires. Cod. de proc. 317 (5).

4° Ils doivent ensuite entendre et recevoir les dires et réquisitions des parties (6), dont ils font mention dans leur rapport.

5° Ils doivent rédiger leur rapport sur les lieux contentieux ou aux lieu, jour et heure qui seront par eux indiqués. Cod. de proc. 317 (7).

Il y a plus, comme cette formalité n'est point prescrite à peine de nullité, nous pensons que les opérations des experts ne peuvent, dans ce cas, être cassées et leur rapport déclaré nul, qu'autant qu'il est prouvé que cette omission et le défaut de sommation a porté préjudice à quelqu'une des parties, et que le rapport n'est point tel qu'il aurait été si ces formalités eussent été remplies. — Arrêt de la Cour de cassation, du 21 novembre 1820, rapporté dans le Journal des arrêts de la Cour de cassation, année 1821.

(5) Sauf à réclamer ensuite celles dont ils penseront avoir besoin et qu'on ne leur aurait pas remises.

(6) Jusqu'à la clôture du rapport, les parties ont le droit de faire des réquisitions ou de présenter des observations aux experts. (Voir ce que nous avons dit à ce sujet, chapitre 4, n° 5, et la note suivante.)

(7) Quelques experts, partant du texte de la loi, ont pensé qu'ils devaient faire un procès-verbal de chacune de leurs séances, où, après avoir rendu compte de ce dont ils s'étaient occupés, ils indiquaient le lieu, le jour et l'heure où ils continueraient leurs opérations. Il est même quelques auteurs, fort estimables sous beaucoup de rapports, mais qui, vraisemblablement, n'ont fait de rapports que dans leur cabinet, qui ont donné des formules de rapports dans ce sens, et les ont présentés comme devant être suivis sous peine de nullité. Nous ne partageons nullement cette opinion : nous pensons, au contraire, que cette manière de procéder, qui donne aux rapports la tournure d'une série de procès-verbaux de saisie d'huissier, commençant par ces mots : « L'an mil huit cent, etc. » et finissant par ceux-ci : « Attendu l'heure avancée, » nous avons renvoyé la continuation de nos opérations à, etc. », n'est propre qu'à embrouiller le rapport, à en rendre la lecture insipide et ennuyeuse, à faire beaucoup d'écritures inutiles et dispendieuses aux parties, et enfin à ban-

6° Les experts dresseront un seul rapport, ils ne formeront qu'un avis à la pluralité des voix.

Ils indiqueront néanmoins, en cas d'avis différens, les motifs des divers avis, sans faire connaître quel a été l'avis personnel de chacun d'eux. Cod. de proc. 312 (8). (Voir le chap. 4, n° 10, et la note 2.)

---

nir la clarté et la précision qui doivent distinguer la rédaction des rapports d'experts. Nous ne voyons nulle part que cela ait été prescrit à peine de nullité; ce n'est certainement pas dans l'art. 317 du Cod. de procéd., qui est pourtant le seul qui puisse servir de base à cette opinion, et la jurisprudence n'offre aucun exemple de rapport cassé pour n'être pas fait ainsi.

Nous pensons au contraire qu'il suffit que dans leur rédaction, les experts, après avoir fait mention de leur premier accès de lieu ou de leur première séance, de la remise des pièces, des dires, comparutions et réquisitions des parties, disent simplement *qu'ils ont renvoyé la continuation de leurs opérations à tel lieu, tel jour, telle heure, et successivement à tels autres lieux, jours et heures*, en les énumérant et en faisant mention de la présence des parties à ces indications, ou des sommations qui leur ont été faites, ce qui remplit parfaitement le vœu de la loi, rien ne prescrivant aux experts de rédiger leur rapport jour par jour, séance par séance.

Cela ne s'oppose nullement non plus à ce que l'on puisse coucher, suivant leur date, les comparutions et réquisitions que les parties voudraient faire postérieurement à la première séance des experts et que ceux-ci jugeraient devoir être transcrites, telles qu'elles sont présentées et signées par les parties ou leurs avoués. (Voir le chapitre 4, n°s 9 et 10, et les notes.)

Nous ferons de plus observer que lorsque les experts peuvent et jugent convenable de terminer le même jour leurs opérations sur les lieux contentieux, ils doivent, après avoir fait, en présence des parties, toutes les vérifications nécessaires, avoir entendu les dires et observations de celles-ci, les inviter à se retirer, délibérer et rédiger leur rapport en particulier et de manière à n'être entendus de personne.

Il est aisé de sentir tous les inconvéniens qu'il y aurait à agir autrement.

Si les experts ne peuvent terminer leur rapport à l'instant, ou qu'ils jugent convenable d'en renvoyer la délibération et la rédaction à un autre jour, il suffit qu'ils en préviennent les parties, en indiquant ces nouveaux lieu, jour et heure, pour qu'elles puissent, si elles le veulent, présenter dans l'intervalle ou aux jour et heure indiqués, de nouvelles observations ou réquisitions; sauf, et toujours, aux experts, à délibérer et rédiger le rapport en leur absence. (Voir le chapitre 4, n° 10, et la note 2.)

Bien entendu que lorsque quelqu'une des parties a présenté des observations ou fait des réquisitions en particulier, les experts ne doivent point clore et signer leur rapport sans que les autres parties aient pris connaissance de ces nouveaux dires et y aient répondu, et sans avoir délibéré à ce sujet.

(8) L'art 956 du Code de procédure, au titre intitulé: *de la vente des immeubles*, porte « que les experts rédigeront leur rapport en un seul avis, à la

7° La rédaction sera écrite par un des experts et signée par tous (9). S'ils ne savent pas tous écrire, elle sera écrite et signée par le greffier de la justice de paix du lieu où ils auront procédé. Cod. de proc. 317 (10).

8° La minute du rapport sera déposé au greffe du tribunal qui aura ordonné l'expertise, sans nouveau serment de la part des experts. Cod. de proc. 319 (11).

» pluralité des voix », et ne répète nullement la seconde disposition de l'art. 318. Est-ce que, dans ce cas spécial, ils ne doivent pas faire connaitre les motifs de l'avis différent de celui d'entre eux qui n'aurait pas partagé l'opinion des deux autres? Nous le pensons, parce que, dans ce cas, leur rapport n'est point sujet à homologation et n'est fait que pour servir de mise à prix aux immeubles; dès-lors, l'avis différent de l'un des experts devient insignifiant, puisque l'on ne saurait, dans aucun cas, s'y arrêter.

(9) La loi ne prononçant pas la peine de nullité pour le cas où tous les experts, sachant écrire, le rapport ne serait pas écrit par l'un d'eux, nous pensons que si les experts, sachant tous écrire, ont fait écrire leur rapport par un tiers leur servant de secrétaire, leur travail ne pourra être argué de nullité, qu'autant qu'il y aura présomption, pour ne pas dire preuve, que l'écrivain a substitué son opinion à celle des experts, et en effet, qu'a voulu la loi en prescrivant que le rapport serait écrit par l'un des experts? c'est qu'il fût bien constant qu'il ne contient rien d'étranger à leur avis. Or, si les experts ont dicté leur rapport ou s'ils l'ont fait transcrire sur une minute dressée par eux, qu'ils aient ensuite collationné le mis au net et qu'il soit fait mention écrite par l'un d'eux, avant leur signature, de ces divers faits, l'objet de la loi sera rempli; il sera constant que le rapport est bien l'ouvrage des experts, et l'on ne pourra soutenir le contraire qu'en s'inscrivant en faux.

(10) Il est évident que, dans ce cas, le greffier seul a caractère pour écrire et constater l'opinion des experts; ainsi, le rapport sera nul ou plutôt il n'y aura pas de rapport, s'il est écrit par tout autre.

Il y a, en outre, exception à la règle, que les rapports d'experts doivent être écrits par l'un d'eux, à l'égard des rapports pour la composition des lots en matière de partage, ceux-là sont écrits et couchés par le notaire commis aux opérations du partage, dans son procès-verbal de partage, et pour les rapports ordonnés par les juges de paix, qui sont écrits par le greffier et couchés dans le procès-verbal qu'il est tenu de dresser. Voir le chapitre 10 et le chapitre 22.

(11) Néanmoins cette règle reçoit exception, lorsque dans les opérations relatives aux ventes d'immeubles qui doivent avoir lieu judiciairement, il y a un notaire commis pour recevoir les enchères; le rapport doit, dans ce cas, être déposé dans les minutes de ce notaire. Cod. proc. 957.

Le greffier et le notaire sont tenus de dresser un acte de ce dépôt qui est, suivant l'usage, fait par un seul des experts; la présence de tous étant fort inutile pour cet acte, n'aurait d'autre résultat que de faire des vacations de plus,

9° Les experts doivent faire enregistrer leur rapport, ainsi que les plans et procès-verbaux qui peuvent y être annexés, avant d'effectuer le dépôt. Les greffiers, de même que les notaires, ne peuvent recevoir en dépôt aucune pièce qui ne soit enregistrée.

10° En faisant la clôture de leur rapport et avant leur signature, les experts doivent faire mention du nombre de vacations qu'ils y ont employées, pour que le président du tribunal puisse les taxer au bas de la minute. Cod. de proc. 317 (12).

11° Les experts ne doivent mettre aucun retard à confectionner et déposer leur rapport, autrement ils s'exposent à être poursuivis pour être condamnés même par corps, s'il y échet, à effectuer le dépôt. Cod. de proc. 320.

---

que le juge taxateur serait bien fondé à retrancher, comme ayant été inutiles.

Les rapports ordonnés par l'administration sont déposés dans les bureaux des préfectures ou sous-préfectures, et les experts doivent s'en faire donner reçu; nous ajouterons que les experts feront très-bien de garder un double de leurs rapports, signés par eux tous, pour pouvoir en donner une ampliation, dans le cas où la minute par eux déposée viendrait à s'égarer dans les bureaux, ce qui arrive très-souvent.

Ces sortes de rapports peuvent ordinairement être écrits sur papier libre, et rien ne défend aux experts d'employer un secrétaire pour les mettre au net.

(12) Il convient qu'en présentant leur rapport à la taxe, ce qui a lieu ordinairement avant le dépôt, les experts y joignent un état détaillé de leurs vacations, indiquant l'emploi qu'ils en ont fait, comme qui dirait, 1° pour prestation de serment, 2° pour accès ou vérification de lieu, 3° pour levée de plan, 4° pour recevoir les comparutions des parties, 5° pour délibérer et arrêter les bases du rapport, 6° pour le rédiger, 7° pour le mettre au net, 8° pour le collationner, 9° pour le déposer, afin que le président puisse faire une juste appréciation du travail qu'ils ont fait. La délicatesse prescrit aux experts de ne porter en vacations que le temps qu'ils ont réellement employé à la confection du rapport, et leur honneur veut que le magistrat chargé de la taxe ne soit jamais obligé de les réduire.

Nous ferons observer, à ce sujet, que le magistrat taxateur ne doit jamais faire de réductions sur le nombre des vacations, qu'autant qu'il les juge parfaitement fondées et qu'il peut suffisamment les motiver. Ces sortes de réductions sont toujours très-pénibles et fâcheuses pour les experts honnêtes et délicats; aussi en voit-on souvent refuser la totalité de leurs honoraires, plutôt que de se soumettre à une réduction qu'ils trouvent injuste ou arbitraire.

Les réductions arbitraires ont toujours deux très-mauvais effets, 1° de porter les personnes très-susceptibles sous le rapport de l'honneur et de la délicatesse, à se refuser aux expertises plutôt que de s'exposer à l'affront d'une réduction; 2° de démoraliser les personnes moins susceptibles qui, s'attendant à être réduites arbitrairement, s'habituent à augmenter le nombre de leurs vacations, pour trouver, dans tous les cas, le prix de leur travail.

12°

12° Les experts ne doivent point agir sur un acte, registre ou effet de commerce qui ne serait pas sur papier timbré, ou visé pour timbre, à peine de 100 fr. d'amende pour chaque contravention. Loi du 13 brumaire an 7, art. 24 et 25, n° 5 (13).

13° Les experts ne doivent mentionner dans leur rapport aucune pièce qui ne serait pas enregistrée (14).

14° Il y a pour les rapports d'experts en matière de vérification d'écriture et d'inscription de faux civil, quelques formalités spéciales dans le détail desquelles nous n'entrerons point, parce qu'elles regardent le juge-commissaire à la procédure et les avoués des parties, plutôt que les experts. D'ailleurs, elles sont détaillées dans les titres des vérifications d'écritures et du faux incident civil, au Code de procédure; la seule observation que nous pourrions faire à ce sujet, c'est que tout est de rigueur dans ces sortes d'opérations.

15° En matière criminelle, c'est au magistrat chargé de l'instruction, ou au président des assises, à diriger les experts dans la formalité, et à veiller à ce qu'ils se conforment exactement à tout ce que prescrivent les lois criminelles à cet égard.

---

(13) Il est évident que les dispositions de la loi du 13 brumaire an 7 ne s'appliquent nullement aux rapports en matière criminelle.

(14) Rien ne s'oppose néanmoins à ce que les experts mentionnent les conventions verbales qui seraient convenues entre les parties.

www.ingramcontent.com/pod-product-compliance
Ingram Content Group UK Ltd.
Pitfield, Milton Keynes, MK11 3LW, UK
UKHW021143260726
13994UKWH00001B/278

9 782329 419794